学校でできる！

# 性の問題行動へのケア

子どものワーク＆支援者のためのツール

宮口幸治　編著

國分聡子　伊庭千惠　川上ちひろ　著

東洋館出版社

学校でできる！　性の問題行動へのケア

# は じ め に

## なぜ本書が必要なのか？

　性の問題行動はどの世界でもいつも大きな問題となっています。芸能人をはじめ、大企業の役員など社会的に地位のある人たち、教師や警察官といった、本来、性犯罪や性の問題行動を正す立場にある人たちが、程度や内容に差があるものの、"どうしてそんなことを？"と思われるような性犯罪や性の問題行動を行ったといったニュースをよく耳にします。また、性犯罪で服役していた元受刑者が出所してもすぐに性犯罪を繰り返したという事件も散見されます。

　これら性犯罪や性の問題行動は社会的にも大きなマイナスですし、その対面には多くの被害者がいます。これらの問題に対して学校教育ではどういった対応がなされているのでしょうか。学校教育で早期から取り組まれている反社会的行動への予防教育として、「ダメ。ゼッタイ」に代表される薬物乱用防止教育があります。もちろん薬物使用も重大な犯罪ですので早期からの学校における教育は必要です。しかし、薬物犯罪と同等に、もしくはより深刻な問題でもある性犯罪や性の問題行動に対する予防教育は、現在の学校教育ではほとんど行われていないのが現状です。

　一方、学校教育現場や児童福祉施設などでは子どもたちの性の問題行動が多発し、現場の先生方から「どう対処していいのか…と途方にくれている」といった声をしばしば聞いてきました。それに対して現在の教育現場でなされているものは性教育が主であり、性の問題行動の予防が念頭におかれたものではありません。

　そこで、学校教育現場でも使える性の問題行動予防への指導スキルが絶対に必要との観点から、コグトレ研究会の中でも主に学校教員を対象に性の問題行動ワークショップを開催するなどの活動を行って参りました。このたび、それらに加え、やはり幅広く支援者や保護者の皆様に使ってもらえるようなテキストが必要だと考え、研修を行ってきた仲間と協力して本書の作成に至りました。

## どのような内容か？

　本書は、次の４つの内容から構成されています。
・子どもが将来、性に関する被害に遭わないように、また性の問題行動や性加害を起こさないために、４コマ漫画を読み進みながら学んでいく子ども向けワーク

（第1章　子ども用ワークシート）

・性の問題行動とは何か、その背景は、支援の基本は、など性の問題行動に対する基本的な考え方を概説
（第2章　性の問題行動に対する基本的な考え方）

・支援者や保護者がよく出あう性の問題行動に対する疑問にQ＆A形式で提案
（第3章　性の問題行動に関するQ＆A）

・簡単に作れる性教育教材があれば自分でもやってみたい、といった要望に応えたツール
（第4章　すぐに使える性教育・性コミュニケーションツール）

## 本書の使い方は？

　第1章の子ども用ワークシートは、子ども自身が取り組む課題です。支援者や保護者が子どもに学んで欲しい問題を選び、最初は子どもだけで考えてもらいます。回答後、支援者や保護者が内容を確認し一緒に学んでいきます。随時印刷してご利用ください。

　第2〜4章は支援者・保護者向けです。前から順に読み進める必要はなく、それぞれ随時、必要だと思われる箇所からご使用ください。第3章はよく遭遇する12ケースについて、1ページ内にQ＆Aが1セットとなるようまとめられています。必要に応じてコピーして、勉強会などでもお使いください。第4章は簡単に作れる性教育教材を紹介しています。手順に沿って実際に作成してみましょう。

　私たちの願いは、将来、子どもたちが性被害を受けたり、性加害行為や性の問題行動を起こしたりしないことです。そのために本書が少しでもお役に立てることを心より願っております。今回、複数の出版社が本書の企画に難色を示すなか、快く賛同していただきました東洋館出版社の皆様には心より感謝申し上げます。

著者を代表して

立命館大学教授、児童精神科医・医学博士　宮口幸治

学校でできる！　性の問題行動へのケア　**目 次**

はじめに　　2

## 第1章　子ども用ワークシート　　7

子ども用ワークシートの使い方　　8

### ●いま、気をつけること……性の被害に遭わないために　　11

近所のおじさん　　12

エレベーターでのできごと　　14

探しもののお手伝いのつもりが　　16

家に知らない人がきました　　18

家で窓を開けて寝ていたら　　20

公園に呼びだされていくと　　22

やさしいお兄さん　　24

モデルになれるよ！と言われました　　26

エッチなサイト　　28

### ●お付き合いの中で気をつけること……責任のある行動を　　31

彼と2人でカラオケボックスへ　　32

大好きな彼に頼まれて送った写真　　34

大好きな彼とコンドームを付けずに性交　　36

妊娠して高校を退学　　38

### ●そのつもりがなくても……将来、性の加害者にならないために　　41

満員電車の中で　　42

家出をしてきた女の子　　44

彼女はOKしてくれたばずなのに　　46

おしっこしたくなったけどトイレがなかったので　　48

酔っていて部下につい　　50

子どもが大好き。公園で声をかけて遊んでいたら　　52

知り合いから写真をもらいました　　54

## 第2章 性の問題行動に対する基本的な考え方　57

性の問題行動とその支援の抱える課題　58

性の問題行動の背景　62

性の問題行動への支援の基本　64

発達障害・知的障害のある子どもへの性の支援　68

## 第3章 性の問題行動に関するQ&A　71

### ●性のマナーに関すること　73

人前で陰部を出したり卑猥な言葉を言ったりする　74

男の子同士がふざけ合って、性器を触り合う　75

小学生の息子が1人で夜マスターベーションをしている　76

### ●性加害・性被害に関すること　77

学習塾で女子トイレのぞく　78

電車の中で隣に座った女性の髪に触れ、匂いをかぐ、足を触る　79

公園で、年少の女の子に付きまとう　80

幼稚園の娘が隣の小学生からHなことをされる　81

### ●思春期に起こりがちなこと　83

女子高生が出会い系サイトで性交　84

好きな男子とすぐに性行為　85

中学生の息子が友達の家でHなDVDを見ているようです　86

男の子がスマホで自分の性器の画像を送ってきました　87

中学生の息子が、親のいない時に彼女を家に連れてきてHなことをしているようです　88

### Column　89

## 第4章 すぐに使える! 性教育・性コミュニケーションツール 91

すぐに使える性教育・性コミュニケーションツールの使い方　92

●性器模型の作り方……性器模型があればいいのですが
①性器模型（男性外性器）のつくり方　94
②性器模型（男性内性器）のつくり方　96
③性器模型（女性外性器）のつくり方　98
④性器模型（女性内性器）のつくり方　100
⑤皮膚と性器粘膜　102

●月経指導……月経をうまくのりきるためには、どのように教えたらいいでしょうか
⑥月経指導　104

●性感染症……性感染症のことをどのように伝えたらいいでしょうか
⑦性感染症　106

●恥じらい、マナー……恥じらいやマナーをどうやって教えたらいいでしょうか
⑧恥じらいとマナー　108

●No!の出し方……断り方をどうやって教えたらいいでしょうか
⑨NO！の出し方　110

●お付き合いの５段階……付き合ったら性交することが当たり前のような情報があふれて心配です
⑩お付き合いの段階　112


巻末資料　115

第 1 章

# 子ども用
# ワークシート

# 子ども用ワークシートの使い方

## ●ワークシートのねらい

性にまつわるケーススタディを通して、子ども自身に性の問題行動について考えてもらいます。そうすることで、将来、性の被害に遭うリスクを軽減したり、性の問題行動を起こしたりしないような力をつけていきます。

## ●シートの構成

シートは大きく、次の3つに分かれています。

①いま、気をつけること……………………性の被害に遭わないために
②お付き合いの中で気をつけること……責任のある行動を
③そのつもりがなくても…………………将来、性の加害者にならないために

①は主に小学生・中学生が対象です。この年代の子どもたちが遭いやすい性に関する被害について扱っています。

②は主に中学生・高校生が対象です。いま、お付き合いしていく中で気をつけることや将来起こり得る性に関するトラブルなどについて扱っています。

③は小学生～高校生の全てが対象で、将来大人になった際に、たとえ本人にそのつもりがなくても、性の加害者になったり性の問題行動につながったりするリスクについて扱っています。

それぞれストーリーと4コマ漫画を通してケース事例について考えてもらう手順になっています。

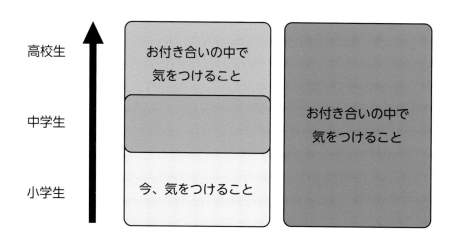

## ●進め方

　最初から順に進める必要はありません。これらのシートの中で子どもに学んで欲しいケースを子どもの発達段階に応じて選び、適宜シートをコピーしてシートの左側だけを切り取り、子どもに渡して取り組んでもらいましょう。

　まず、4コマ漫画を見ながら冒頭のストーリーを読んで内容を理解してもらいましょう。内容が理解できたら「考えてみよう」に答えてもらいます。そして、どうしてそれを選んだかを「理由を書きましょう」に書いてもらいましょう。グループで行う際にはグループで色んな意見を出してもらってもいいでしょう。

　次に解答として右のページを渡し自分の選んだ回答が正しかったかどうか確認していきます。そして、これからどうしらいいかの知識も併せて身につけてもらいましょう。

## ●留意点

・子どもの年齢によっては不適切なケース事例（小学生に "セックス" の内容のあるストーリーなど）もありますので、ワークシートを施行するに当たっては内容を十分に確認した上でご使用ください。

・子どもたちの中には性の被害に遭った経験がある子どももいます。そのため、それらと類似したワークシートをすると感情が高ぶったり、不安定になったりする可能性もありますので、ワークシートの使用に当たっては十分に配慮してあげてください。

・子どもがワークシートの解答と異なる回答をした場合は、口頭でもう少し理由を聞いてみましょう。状況を理解できていないこともありますので、その場合は再度、ストーリーや4コマ漫画から内容を理解してもらいましょう。

・ワークシートの内容が、被害に遭っているのは女性だから男性はやる必要はない、ということはありません。子どもたちが将来大人になった際に、性の問題行動を起こさないように、どのような行為が犯罪になるのかを知っておいてもらうことにも意義があります。

・ワークシートの事例ケースは概して男性が加害者側、女性が被害者側の設定が多いですが、あくまで分かりやすい設定にするためです。これらを通して "男性は性のことばかり考えている"、といった誤解が生じないよう、子どもたちには "ほとんどの男性はこのようなことはしない" こと、"架空の話である" ことを伝えておきましょう。

# いま、気をつけること

性の被害に遭わないために

## いま、気をつけること

# 近所のおじさん

同じ町内に住んでいるおじさんは、私のお父さんもお母さんもよく知っています。学校から帰る私に「おいしいお菓子があるよ」と、いつもやさしく声をかけて家に誘ってくれます。私はおじさんの家でお菓子を食べてうれしい気持ちになります。でも、最近「さっちゃん、大きくなったね」と体をさわってきます。この前、おじさんの手が私のお尻にふれました。

❶下校中のさっちゃん

❷おじさんの家の前で声をかけられる

❸おじさんは、部屋で
　さっちゃんにおやつでおもてなし

❹おじさんの手がさっちゃんにのびて…

### 考えてみよう

おじさんは、なぜ、さっちゃんの体をさわったと思いますか？　番号に〇をつけましょう。

1．さっちゃんの体を心配しているから
2．さっちゃんのお尻に何かついていたから
3．おじさんは、さっちゃんを自分の子どものように思っているから
4．エッチな気持ちで、さっちゃんの体をさわりたいから

**理由を書きましょう**

12

### ▶先生から、さっちゃんとみんなへ

4の「エッチな気持ちで、さっちゃんの体をさわりたいから」かもしれません。

もしお菓子を食べているときに、おじさんが、エッチな気持ちでさっちゃんの体をさわっているのであれば、おじさんがしていることは、「強制わいせつ罪」という犯罪になります。たとえお菓子をくれてもお金をくれても、体をさわっていいということはありません。私の体は、私のものです。

おじさんの行動は、もっとエスカレート（どんどん要求する）して体をさわってくるかもしれません。

### ●強制わいせつ罪とは…

暴力や脅しを使って勝手に相手の胸やお尻をさわったり、キスをしたりすることです。相手が13歳未満の子どもであれば、暴力や脅しがなくとも強制わいせつ罪になります。

### ❓これからさっちゃんはどうしたらいい？

**家の人や先生に話す**

家の人や先生におじさんにされていることを話しましょう。お菓子をもらっていることや体をさわられたことも、隠さず話しましょう。大丈夫です。家の人や先生は、あなたを怒ったり責めたりしません。悪いのは、おじさんです。また、おじさんに「ないしょだよ」と言われても、秘密にしてはいけません。

**誘われても断る**

おじさんが家に誘ってきても、もうおじさんの家には行きません。身近な人であっても、おじさんのように誘う人にはついていきません。

いま、気をつけること

# エレベーターでのできごと

ユカちゃんが、家のマンションのエレベーターに乗ろうとしたら、知らないおじさんも一緒に乗ってきました。おじさんはユカちゃんの前でいきなり自分のズボンを下ろしました。

---

❶エレベーター前で待っているユカちゃん　　❷おじさんも乗り込んできた

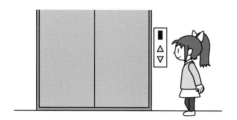 

❸エレベーターで２人きり　　❹いきなりズボンを脱ぎだし「え？」

🔍 考えてみよう

おじさんは、なぜズボンを脱ぎだしたと思いますか？　番号に〇をつけましょう。

1．おじさんは、急におなかが痛くなってしまいトイレに行こうとしたから
2．おじさんのズボンに虫が入ってきたので、出そうとしたから
3．おじさんは自分の下半身を見せて、ユカちゃんをおどろかせたいと思ったから
4．おじさんは、自慢のパンツを見せたいと思ったから

理由を書きましょう

▶ **先生から、ユカちゃんとみんなへ**

3の「おじさんは自分の下半身を見せて、ユカちゃんをおどろかせたいと思ったから」かもしれません。もし、おじさんがパンツも脱いで、ユカちゃんに自分の性器を見せたとしたら、それは「公然わいせつ罪」という犯罪になります。逃げ場のないエレベーターの中では、助けを呼ぶこともできないので、とても危険です。

● **公然わいせつ罪とは**

人に自分の裸や性器、性的な画像や動画を見せたりすることです。エレベーターなど他にだれもいない密室で起こることがあります。もし、そのおじさんがユカちゃんをさわってきたら強制わいせつ罪にもなるかもしれません。

## ❓ これからユカちゃんはどうしたらいい？

**エレベーターに乗るときは注意する**

エレベーターに乗るときには、入り口から少し離れたところで待ちましょう。知らない男の人が乗ろうとしたら、乗るのをやめたほうがいいでしょう。

**1人でエレベーターに乗っているときに、知らない男の人が乗ろうとしたら…**

あやしいと思ったらすぐに降りましょう。2人きりになることを避けるためです。

いま、気をつけること

# 探しもののお手伝いのつもりが

道で、知らないお兄さんに声をかけられました。「お財布を落としちゃったみたいで、困っているんだけど一緒に探してくれないかな？」サトミちゃんは、助けてあげたいと思って、お兄さんについていきました。でも、お兄さんは突然、近くの車のドアを開けて、サトミちゃんの体を押しました。

---

❶サトミちゃんに声をかけるお兄さん　　❷お兄さんの後ろについて歩く

❸車のまわりをうろついて…　　❹あ！

## ❓考えてみよう

どうしてお兄さんは財布をいっしょに探してほしいといったのでしょうか。番号に〇をつけましょう。

1．お兄さんは、最初からサトミちゃんに乱暴しようと思っていたから
2．お兄さんのお財布の中にいっぱいお金が入っていたから
3．友だちからもらった大切な財布だったから
4．お兄さんは、サトミちゃんが親切そうに見えたから

理由を書きましょう

▶**先生から、サトミちゃんとみんなへ**

1の「お兄さんは、最初からサトミちゃんに乱暴しようと思っていたから」かもしれません。車に押し込まれたら「誘拐罪」という犯罪になるかもしれません。知らない大人が財布を落としたら、ふつうは警察に行きます。声をかけてくる大人についていくと、もしかしてサトミちゃんは、車で遠くにつれていかれる、車の中で体をさわられる、恥ずかしい写真や動画をとられてしまう、かもしれません。

● **誘拐罪とは**

お金やエッチなことなどが目的で、子ども（人）をさらうことです。犯人は男の人だけではありません。女の人もいます。「お母さんが事故にあったから病院に行こう。車に乗って」と誘ってくることもあります。

## ❓ これからサトミちゃんはどうしたらいい？

**ついていかないこと**

どんな理由でも、知らない人のさそいには絶対についていかないようにしましょう。

**大人に伝える**

「いつ」「どこで」「どんな感じ（服装や年齢など）の人に」「どのように声をかけられたか」を必ず家の人や学校の先生に伝えましょう。

いま、気をつけること

# 家に知らない人がきました

インターフォンがなって画面を見ると、知らないおじさんが立っていました。「ミツキちゃんだね、トイレを貸してくれないかな？」私の名前を知っていたので、お父さんの知り合いだと思って、家の中に入れてあげました。

❶家にいるミツキちゃん

❷インターフォンには知らないおじさん…

❸玄関でお話をして…

❹おじさんは家の中に…

## ？考えてみよう

おじさんは、どうしてトイレを借りようとしたのでしょうか？　番号に〇をつけましょう。

1．おじさんは、本当にトイレに行きたかったから
2．おじさんは、お父さんの友達だったから
3．おじさんは、ミツキちゃんにエッチないたずらをしようとしていたから
4．おじさんは、実はドロボウで、何かぬすもうとしていたから

理由を書きましょう

> ▶先生から、ミツキちゃんとみんなへ
>
> 　3の「おじさんは、ミツキちゃんにエッチないたずらをしようとしていたから」かもしれません。自分の名前を知っているからといって、安心してはいけません。おじさんは、家の前に置いてあった傘から、ミツキちゃんの名前を知ることもできます。ほかにも「〇〇が、落ちていませんでしたか？」とたずねてくるような人がいるかもしれません。

## ❓ これからミツキちゃんはどうしたらいい？

**1人でいるときは
玄関を開けない**

> 　自分の名前を知っていた、お父さんやお母さんの知り合い、というだけで玄関のドアを開けないようにしましょう。知らない人は、どんな理由があっても家の中に入れてはいけません。また、1人で家に帰ってドアをカギで開けるときにも、後ろから知らない人が突然入ってくることもあるので、気をつけましょう。

**家の人に、ちゃんと話をする**

> 　「いつ」「どんな人が」「何と言ってきたのか」を覚えて、伝えましょう。これから、どうしたらいいか家の人と一緒に考えます。1人ではインターフォンに出ないと決めてもいいでしょう。

いま、気をつけること

# 家で窓を開けて寝ていたら

キリちゃんは、夏の夜に、暑くて窓を開けて寝てしまいました。すると、外にいた男の人が、2階の窓が開いているのを見つけて、じーっとキリちゃんの家を見ています。

❶暑いから窓を開けているキリちゃん

❷男の人が窓からキリちゃんを見つけた

❸窓を開けたまま寝てしまいました

❹男の人が部屋の窓から…

### ？考えてみよう

男の人は、何をしようとしていたと思いますか？　番号に〇をつけましょう。

1．その男の人は、窓が開いていて不用心だと思い閉めようした
2．その男の人は、すてきな家だな、と思って見ていた
3．その男の人は、キリちゃんにエッチないたずらをしようとしていた
4．その男の人は、高いところに登るのが好きだった

理由を書きましょう

### ▶先生から、キリちゃんとみんなへ

3の「その男の人は、キリちゃんにエッチないたずらをしようとしていた」かもしれません。もしそうなら、それは「住居侵入罪」と「強制わいせつ罪」という犯罪になります。一人暮らしの女性のマンションで、上の階でも戸締りを忘れて侵入された事件があります。2階だからといって安全ではありません。これは、昼間でも同じです。

### ●住居侵入罪とは…

ちゃんとした理由がないのに人の家に入ることです。もし、さらにキリちゃんにエッチないたずらをしたら「強制わいせつ罪」にもなります。

## これからキリちゃんはどうしたらいい？

**夜は、戸じまりをしっかりする**

窓を開けたまま寝るのは、とても危ないことです。家族がいても、疲れていても、戸じまりは忘れずに！

**昼間も1人でいるときも！**

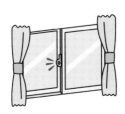

家の人がいない、1人のときも窓を開けたままにしないようにしましょう。

いま、気をつけること

# 公園に呼びだされていくと…

家族で夕飯を食べた後、男友達のケイ君から携帯に電話がありました。「エミちゃん、ちょっと相談があるんだけど公園に来てくれない？」エミちゃんは心配になって公園に行きました。ベンチで座って話していると、ケイ君が急にエミちゃんを押したおしました…

❶夕食後にケータイに電話

❷心配そうに公園に行きます

❸ベンチで隣に座りました

❹ケイ君の考えていることは…

## 考えてみよう

ケイ君はなぜ、エミちゃんを押したおしたと思いますか？　番号に〇をつけましょう。

1．ケイ君は、エミちゃんの体をさわりたかったから
2．ケイ君は、エミちゃんをおどろかそうとしたから
3．ケイ君のそばをネコが横ぎり、ケイ君はびっくりしたから
4．ケイ君は、悩みがつらくて泣きそうだったから

理由を書きましょう

▶先生から、エミちゃんとみんなへ

　1の「ケイ君は、エミちゃんの体をさわりたかったから」かもしれません。ケイ君のしたことは、相談に見せかけた「強制わいせつ罪」につながる行為です。夜の公園は、ひと気がありません。ケイ君の行動は計画的だったようにも思えます。力のある10代の男子が女子を押したおしたら、大きなケガにもつながる危険な行為です。もしエミちゃんがケガをすれば「傷害罪」という犯罪にもなります。

● **傷害罪とは…**

わざと相手の体にケガをさせることです。たとえケガをさせようと思っていなくても、わざとエミちゃんの体をさわろうとしてケガをさせてしまったら傷害罪になる可能性があるのです。

## ❓これからエミちゃんはどうしたらいい？

**夜の呼びだしには行かない**

　相手のことをしっかり考えてくれる人は、夜の公園に呼びだしたりしません。「相談がある」と言われても、「親が外出を許可しない」「あした学校でね」などと、はっきりお断りしましょう。

**2人きりにならない**

　夜の公園では、何かあっても助けに来てくれる人は、ほとんどいません。友達であっても、2人きりになることはやめましょう。被害を受けそうになったら「〜君に言ってやる！」とお互いに知っている友達の名前を出すことも効果的です。

第1章　ワークシート

### いま、気をつけること

# やさしいお兄さん

ユウタ君がゲームセンターで知り合った20代のお兄さんは、ゲームのことだけじゃなくて学校や親の悩みもきいてくれる優しい人。ユウタ君はお兄さんの自宅にも遊びに行くようになりました。でも、ときどきユウタ君をさわってきます。この間お兄さんの手がユウタ君のズボンに伸びてきて…

❶ゲームセンターで遊ぶ
　ユウタ君とお兄さん

❷悩み相談にのってあげているお兄さん

❸ユウタ君の肩をさわりながらお兄さんの
　部屋で楽しそうに話をしている

❹お兄さんの手がユウタ君のズボンに伸び
　てきて…

### ❓ 考えてみよう

お兄さんは、どうしてユウタ君のズボンにさわったと思いますか？　番号に〇をつけましょう。

1．ユウタ君のズボンにゴミがついていたので取ろうとしたから
2．ユウタ君をびっくりさせて笑わせようとしたから
3．ユウタ君にエッチなことをしようとしたから
4．ユウタ君のズボンのチャックが開いていたので閉めようとしたから

理由を書きましょう

> ▶先生から、ユウタ君とみんなへ
>
> 　3の「ユウタ君にエッチなことをしようとしたから」かもしれません。ユウタ君は、ゲームセンターで知り合ったお兄さんと仲良くなりましたが、お兄さんは悩みを聞いたりゲームの話をしたりしてユウタ君を安心させ、エッチないたずらをしようとしたのかもしれません。もしそうならユウタ君にしようとしたことは、「強制わいせつ罪」という犯罪になります。男の子だから大丈夫、同じ男どうしだから大丈夫ということはありません。男の子も被害に合うことがあるということを覚えておきましょう。

● もう一度、強制わいせつ罪とは

暴力や脅しを使って勝手に相手の胸やお尻をさわったり、キスをしたりすることです。その相手が13歳未満の子どもであれば、暴力や脅しがなくとも強制わいせつ罪になります。

## ❓これからユウタ君はどうしたらいい？

**知らない人と2人きりにならない**

> お兄さんのことをどれだけ知っていますか？名前や年齢は？何をしている人ですか？その情報は本当のことですか？楽しくゲームやお話をしていてもお兄さんは「知らない人」です。誘われても、自宅にはいかないようにしましょう。危険な目に合うかもしれません。

**仲良くしている人のことは、日ごろから親や先生に話しておく**

> いつもどんな人と一緒にいるかを親や先生に知っておいてもらうことは大切です。
> 　これから事件に巻き込まれないためにも信用できる大人に話しておきましょう。

いま、気をつけること

# モデルになれるよ！と言われました

レナさんが休日に街を歩いていたらスーツを着たお兄さんに声をかけられました。お兄さんはモデル事務所のスカウトマンだと言っています。「見た目よりも大人っぽいね。きっとモデルになれるよ。すぐにカメラテストしてみようよ」と言われて、レナさんはびっくりしたけどうれしくなりました。そこで近くのビルについていくと…

❶街を歩いているレナさん

❷「モデルになれるよ！」と、お兄さん…

❸カメラテストのため、ビルへ

❹何か雰囲気が違うような…

## 考えてみよう

お兄さんはどうしてレナちゃんに声をかけたと思いますか？番号に〇をつけましょう。

1．お兄さんは、本気でレナちゃんをモデルにしたいと思ったから
2．お兄さんは、レナちゃんをナンパしたかったから
3．お兄さんは、レナちゃんのいろいろな表情の写真を撮影したいと思ったから
4．お兄さんはスカウトマンでなく、だまして悪いことをしようとしていたから

理由を書きましょう

### ▶先生からレナちゃんとみんなへ

4の「お兄さんはスカウトマンでなく、だまして悪いことをしようとしていたから」かもしれません。「モデルになれるよ」「タレントになってみない？」と道でスカウトマンを装って声をかけてくる人がいます。また、SNSでも「写真を見たよ、モデルにならない？」などと誘ってくる人がいます。だまして何か悪いことをしようと考えているかもしれません。

● スカウトのだましとは…

モデルになれると嘘をついて、契約料をだまし取ったり、エッチなビデオに出演させたりします。最初は笑顔でやさしかったお兄さんが別人のように怖くなり、脅かして下着姿や裸になるように言ってくるかもしれませんし、写真をネタに脅されるかもしれません。最悪、誘拐や危ない薬を打たれることもあるかもしれません。

## ❓これからレナちゃんはどうしたらいい？

**ついていかない**

簡単にモデルやタレントにはなれません。声をかけられても、絶対についていかないようにしましょう。きちんとした会社の人は、仕事の話を未成年のあなただけではなく、保護者にも話をするものです。

**自分から連絡をとらない**

名刺を渡してくるかもしれませんが、すぐに家の人に見せましょう。自分から連絡しないようにしましょう。

いま、気をつけること

# エッチなサイト

コウ君が、「ケン君これすごいよ！」と教えてくれたサイトは、すごく刺激的です。でも、最近、見覚えのないメールがたくさんくるようになりました。

❶コウ君がケン君に声をかけます

❷すごく刺激的なサイトがあり…

❸ケン君は、自分の部屋でも見ています

❹メールの請求書を見てびっくり！

### 考えてみよう

ケン君は、どうしたらいいと思いますか。番号に〇をしましょう。

1. 請求書がきたのですから、早く支払わないといけません
2. 無視して大丈夫です。支払う必要はありません
3. 教えてくれたコウ君にも話をして、半分のお金を出してもらうべきです
4. メールの相手に金額の質問をするために連絡をとったほうがいいでしょう

理由を書きましょう

### ▶先生からケン君とみんなへ

2の「無視して大丈夫です。支払う必要はありません」かもしれません。今回、アダルトサイトに入り込んでしまったケン君。大金を請求されてしまいました。しかし、ふつうはサイトに入り込んだだけでは、お金はかかりません。悪い業者が請求のメールを流し、個人情報を入手しようとしていることが多く、そういった場合は請求のメールは無視してもいいのです。もし、心配なら専門の窓口にどのように対応したらよいか相談しましょう。

### ●悪質なサイトとは…

サイトの相手は、個人情報をほしがっています。請求書のメールを見ると氏名、住所、電話番号などを入力するようになっています。そこに打ち込んでしまうと、今度は郵便で住所に請求書が送りつけられてきたり、しつこく電話がかかってきたりするようになります。

## ❓ これからケン君はどうしたらいい？

**サイトにアクセスしてしまったら…**

もしも、請求書のメールを開いて個人情報を入力してしまったら、電話番号、メールアドレスを変えましょう。住所の記入により手紙がくるかもしれませんが、サイトと契約をしているわけではないので支払う必要はありません。18歳までの子どもがメールや電話で相談できるサイトもあります。（たとえば、東京都の「こたエール」など）

**あやしいサイトは見ない**

エッチなサイトには、見る人を楽しませる工夫がされています。それは、とても過激で現実には考えられないような内容が多いです。男女の間違ったかかわり方をまねすると、大切な人を傷つけることになります。そのようなサイトは見ないほうがいいでしょう。

## お付き合いの中で
## 気をつけること
### 責任のある行動を

お付き合いの中で気をつけること

# 彼と２人でカラオケボックスへ…

付き合って間もない彼とのデートでカラオケボックスに行きました。「ちょっとしか飲まなかったらばれないよ。トモミちゃんも飲みなよ」と彼がお酒をすすめてきました。私は頭がぼーっとして体に力が入らなくなりました。「大丈夫？」と言いながら彼は、私にキスをしてきました。胸もさわってきました。その後のことはあまり覚えていません。

❶デートをする２人

❷カラオケボックスで２人きり

❸彼にお酒をすすめられて…

❹頭がぼーっとしてきて…

## ？考えてみよう

彼は、なぜ、トモミちゃんにお酒をすすめたと思いますか？　番号に〇をつけましょう。

1．彼は、お酒に興味があって、トモミちゃんにも飲んでほしかったから
2．お酒を飲ませてトモミちゃんの体をさわろうと思ったから
3．トモミちゃんが、お酒を飲みたいと思ったから
4．トモミちゃんが、どれくらいお酒が飲めるのか確かめたかったから

理由を書きましょう

> ▶先生から、トモミちゃんとみんなへ
>
> 2の「お酒を飲ませて体をさわろうと思ったから」かもしれません。もし、体をさわるために無理にお酒を飲ませたとしたら「強制わいせつ罪」になるかもしれません。
>
> トモミちゃんが未成年（満20歳未満）の場合、「未成年者飲酒禁止法」に違反する犯罪にもなります。

● 未成年者飲酒禁止法とは

未成年者はお酒を飲んではいけません。また、大人は、未成年の飲酒をとめなくてはなりません。未成年にお酒を飲ませると犯罪になる可能性があります。酒屋さんが、未成年と知っていてお酒を売ると犯罪になります。

## これからトモミちゃんはどうしたらいい？

**親や先生に話す**

> 無理やりお酒を飲まされて体をさわることは犯罪になります。いくらお付き合いしている彼でもこれは許されない行為です。1人で悩むことではありません。大人は正しく判断して一番いい方法を考えてくれるでしょう。

**信頼できない男性と密室で2人きりは避ける**

> カラオケボックス、自宅の部屋、友達の部屋など密室で男女2人きりになったり、男友達ばかりの所に行ったりすることはやめましょう。「彼の自宅に遊びに行ったら、彼の友達も来ていて…」といった性の被害にあうこともあります。大人がいない家には入らない方がいいでしょう。

お付き合いの中で気をつけること

# 大好きな彼に頼まれて送った写真

チカちゃんは、大好きな彼と付き合っていた時にたくさん写真を撮って送りました。ささいなことが原因でお別れしましたが、その後なんと、送った写真がネットに！ 中にはチカちゃんの恥ずかしい写真もありました。なぜ？チカちゃんはショックを受けています。

❶付き合っていたころは仲良し

❷たくさん写真を撮っていました

❸お別れすることに…

❹インターネットを見て、びっくり！

? 考えてみよう

なぜ、彼は写真をネットにあげたと思いますか？ 番号に〇をつけましょう。

1．彼は、チカちゃんを困らせて嫌がらせしようと思ったから
2．彼は、お付き合いしていたころの記念になると思ったから
3．彼は、チカちゃんが喜ぶと思ったから
4．彼は、チカちゃんと、また付き合いたかったから

**理由を書きましょう**

### ▶先生から、チカちゃんとみんなへ

1の「彼は、チカちゃんを困らせて嫌がらせしようと思ったから」かもしれません。彼はチカちゃんと別れてから、嫌がらせをしようとチカちゃんの恥ずかしい写真をインターネット上にあげました。これは、「リベンジポルノ防止法」に違反する犯罪になるかもしれません。「リベンジ」とは、仕返しの意味です。一度インターネットで流れてしまうと、なかなか消すことは難しいのです。これを、入れずみに例えてデジタルタトゥーともいいます。

● リベンジポルノ防止法とは？

相手の許可を得ずに、勝手にその人のエッチな写真などをインターネットなどを使って大勢の人たちに見せたりすると、見せた人に罰を与える法律です。被害者を守るために作られました。

## ❓これからチカちゃんは、どうしたらいい？

**いくら頼まれても
自分のエッチな写真は送らない！**

いくらお付き合いしていても、プライベートゾーンや下着姿など、もし知らない人に見られたら大変になるような写真は、送らないということが大切です。

**もしも、写真を送ってしまって、
それをばらまくぞと言われたら…**

この言葉そのものが「脅迫(きょうはく)」になります。脅(おど)されたら、すぐに大人に相談しましょう。

第1章 ワークシート

35

お付き合いの中で気をつけること

# 大好きな彼とコンドームを付けずに性交

彼とお付き合いをはじめて1年後、避妊せずに（コンドームを付けずに）性交したユリさん。3か月後、全身に赤い発疹が出てきました

❶お付き合いをする2人

❷いつもラブラブです

❸2人でベッドに…

❹えっ！ 全身に発疹が…

### 考えてみよう

ユリさんはなぜ赤い発疹が出たと思いますか？　番号に〇を付けましょう。

1．ユリさんは、汗かきだから
2．ユリさんは、虫にいっぱい刺されたから
3．ユリさんは、食物アレルギーでじんましんが出たから
4．ユリさんは、性感染症にかかってしまったから

**理由を書きましょう**

▶ **先生から、ユリさんとみんなへ**

4の「ユリさんは、性感染症にかかってしまったから」かもしれません。性感染症（STI、STD）といって、キスや性交からうつる病気があります。性器の接触、口を使った性交からうつります。赤い発疹が全身に出たなら「梅毒」も考えられます。

● **梅毒とは**

感染すると全身に発疹が出て、進行すると心臓や血管、神経、目などに重い障害が現れ、放っておくと死に至ることもあります。感染力が極めて高く、キスでもうつることがあります。昔流行した病気でしたが、最近、男性や若い女性に増えています。

## これからユリさんはどうしたらいい？

**すぐに病院に行く**

産婦人科病院に行き、診察を受けた方がいいですが、最初は皮膚科など入りやすいところでいいでしょう。もし梅毒なら彼もすぐに治療が必要です。いまは早く薬を飲めば治ります。

**コンドームのない性交はしない**

「大丈夫だよ」と言われても、もし梅毒なら1回で感染することもあります。「今まで、病気になっていない」と言われても、自覚症状が出るまでに時間がかかる性感染症もあります。

「コンドームを付けないとしない」と伝えましょう。梅毒が心配ならキスも注意したほうがいいでしょう。

お付き合いの中で気をつけること

# 妊娠して高校を退学

アコさんは、高校時代に妊娠しました。子どもを産んで育てていくことを決めて、高校を中退しました。赤ちゃんは可愛いけど、育児をする日々は、大変なことばかりです。同級生には、ほとんど会うことがなくなりました。みんな、勉強や遊びを楽しんでいて、自分の夢を見つけた人もいます。

❶高校生のときに妊娠が発覚

❷若年妊婦のアコさん、幸せそう

❸赤ちゃんを抱くアコさん、幸せそう

❹大学生になった同級生は楽しそう…

### ❓考えてみよう

アコさんはどんな気持ちだと思いますか？　番号に〇をつけましょう。

1．友達と一緒に遊びたかったと思っています
2．赤ちゃんを産んだことを後悔しています
3．高校を退学しなければよかったと思っています
4．最初に誰かが、育児の大変さを教えてくれればよかったと思っています

理由を書きましょう

▶先生からアコさんとみんなへ

　1〜4のすべてが当てはまるかもしれません。高校生の時に妊娠、出産、子育ての選択するということは「若年出産」になります。母親になる準備もしなければならないので、学業を続けることは難しくなります。もちろん母親になることは素晴らしいことです。一方で、同級生とは全く違った生活になるでしょう。友だちが大学生活を楽しんでいるのを見ると羨ましくなるかもしれません。

● 若年出産とは…

19歳以下で子どもを産むことです。若くて妊娠すると、体に負担がかかります。また、出産にはお金がかかります。自分の親や父親になる男性とその家族などの問題もあって、成人になってから産むよりも多くの問題を抱えているといえるでしょう。

## これからアコさんはどうしたらいい？

**もう一度高校に行く？**
**高校は諦めて働いてみる？**

　高校を退学したら「高卒」ではなく「中卒」になります。育児がひと段落したら働こう、というときに「中卒」では、就職が難しいことがあります。何か資格を取りたいと思っても、その条件が「高卒」以上ということも少なくありません。
　「高卒」の資格は、通信制や高卒認定試験を受けたり、定時制に通ったりすればとれます。

**選択肢はいくつかある**

　彼氏ができても「性交をしない」「避妊する」、もし妊娠しても「子どもを産まない」といういくつかの選択肢がありました。
　これからは「どんな大人になりたいか？」「どんな人生を送りたいか？」をよく考えて、親などにも相談して自分の納得のいく人生を送れる選択をしましょう。

## そのつもりがなくても

将来、性の加害者に
ならないために

> そのつもりがなくても…

# 満員電車の中で

Aさんは、毎日満員電車に揺られる日々を送っています。体力的にも、精神的にも大変です。ある日、満員電車の中で電車が揺れた瞬間に誰かの身体とぶつかりました。するとある女性から「痴漢！」と叫ばれたので、みんなはいっせいにAさんを見ました。

❶満員電車、いつも大変です

❷誰かにぶつかってしまいました…

❸「この人、痴漢です！！」

❹駅長室に連行されました

### ❓考えてみよう

なぜAさんは、「痴漢」と叫ばれたと思いますか？　番号に〇をつけましょう。

1．Aさんはわざと女性の身体をさわったから
2．電車が揺れたときAさんの手がその女性にふれたから
3．その女性は他の女性が「痴漢」されたのを見たから
4．その女性がAさんをだまそうとしたから

**理由を書きましょう**

▶**先生からみんなへ**

2の「電車が揺れたときAさんの手がその女性にふれたから」かもしれません。

Aさんは、まったく身に覚えがありません。しかし、Aさんは、たとえ痴漢をしてなくても女性の体にふれたことで、痴漢と間違えられてしまいました。Aさんは、自分がやってないことをこれから証明しなければならなくなるでしょう。

●**痴漢とは…**

電車の中で他人の体などをさわることです。痴漢をすると「迷惑防止条例違反」か「強制わいせつ罪」という犯罪になります。たとえやっていなくても、一度逮捕されると警察から何日も厳しい取り調べを受けることになります。いくら「やっていない」と言ってもなかなか信じてもらえない可能性もあります。また、職場に知られて会社をクビになったり、友達に知られて友達が離れていったりするかもしれません。

## これからAさんはどうしたらいい？

**満員電車に乗るときは…**

電車の中で他の人と近くになったときは、両手でつり革を持ったり、その人に背を向けたりするといいでしょう。もちろん痴漢はしてはいけませんが、疑われるような行為もしないようにしましょう。

**もしやってないのに痴漢と疑われたら…**

痴漢をやっていないことをはっきり伝え、他に目撃者がいないか確かめます。もし、可能なら弁護士に連絡し、指示にしたがいましょう。「冤罪」にもつながりますので慎重な行動が必要です。「冤罪」とは、罪を犯していないのに犯人にされてしまうことです。

> そのつもりがなくても…

# 家出をしてきた女の子

　Bさんは、会社の帰り道、公園のベンチで女の子が1人ですわっているのを見かけました。中学生くらいの女の子が、泣きそうな表情をしていたので、何か困っていると思い、自宅に呼んで話を聞くことにしました。

❶Bさんは会社から帰宅途中…

❷公園のベンチに女の子がいました

❸Bさんは、女の子に話しかけます

❹2人でBさんの家に行くことに…

### ？考えてみよう

**この後、Bさんはどうなると思いますか？番号に○をつけましょう**

1. 女の子の親から感謝される
2. 警察から表彰（ひょうしょう）を受ける
3. 警察に逮捕（たいほ）される
4. 特に何もおこらない

**理由を書きましょう**

> ▶**先生からみんなへ**
> 　3の「警察に逮捕される」かもしれません。Bさんは、見知らぬ女の子を自宅に連れて帰ってきてしまいました。女の子の家の人が、探していて警察に届けを出していたらどうなるでしょう？数日一緒に過ごしてしまったら「未成年者略取・誘拐罪」という罪に問われて逮捕され、事件として報道されるかもしれません。Bさんは、女の子を助けてあげたかったと言っても信じてもらえないかもしれません。

●「未成年者略取・誘拐罪」とは…
未成年者を奪ったり誘拐したりする犯罪です。たとえ未成年者本人が嫌がっていなくても犯罪になります。保護者の許可なく、どこかに遊びに連れまわすだけでも犯罪になりえます。もちろん、これは女の子だけではなく男の子でも同じです。

## これからBさんはどうしたらいい？

**まずは警察に連絡する**

> 警察に連絡して公園に来てもらいましょう。女の子と一緒に警察に向かうと、連れて歩くことになり、誘拐と誤解されてしまうかもしれないので、警察を呼んだほうがいいでしょう。

**見たまま、聞いたままを報告**

> 「いつ」「どこで」「どんなふうに」女の子がしていたのか、自分は何と声をかけたのか、正確に伝えましょう。

そのつもりがなくても…

# 彼女はOKしてくれたはずなのに…

D君と付き合っているミナコさん。D君に誘われて初めてD君の家に行きました。D君は、最初はミナコさんが少し嫌がっていたと思ったけれど、セックスすることに。後日、警察がD君のところにやってきました。

❶仲良く話をする2人

❷不安ながら、D君の家に…

❸その後…

❹「どうして？」警察がやってきました

### ?考えてみよう

どうしてD君のところに警察がきたのでしょうか？　番号に〇をつけましょう。

1．D君は店で万引きをしたから
2．警察は近くで起きた交通事故について聞きにきたから
3．ミナコさんがD君に無理やり乱暴されたと警察に訴えたから
4．ミナコさんのお金がなくなりD君がぬすんだと思ったから

理由を書きましょう

### ▶先生からD君とみんなへ

3の「ミナコさんがD君に無理やり乱暴されたと警察に訴えたから」かもしれません。お互いに付き合いをするにも、触れ合うにも、必ずお互いの「同意」が必要です。2人が同じ気持ちでいることを確認できていない行為は、どちらかが嫌な思いをすることになります。この場合、D君は無理やりミナコさんにセックスをしたので「強制性交等罪」という犯罪になるかもしれません。

### ●強制性交等罪とは…

暴行や脅迫を用い、むりやり性行為に及ぶことです。未遂でも逮捕されます。いくら相手が嫌がっているように見えなかったり、「いやだ」と言われなくても、後から相手に「無理やりされた」と言われれば強制性交等罪になる可能性があります。

## ❓これからD君はどうしたらいい？

**気軽に性交を考えないように**

付き合っているから性交してもいいということになりません。生命の誕生にかかわることですから、きちんとした知識をもたずに性交をすることは危険です。友達と比べることでもありません。

**付き合い方を見直す**

お互いの正直な気持ちを伝えあえていますか？どちらかが一方的に自分の気持ちを押し付けていませんか？上下関係があるような付き合いは、見直したほうがいいでしょう。

そのつもりがなくても…

# おしっこしたくなったけどトイレがなかったので

Cさんは、夜お酒を飲んで家に帰る途中、周りに人がいましたがどうしてもがまんできず道端でおしっこをしてしまいました。すると、後ろから男性の声で呼び止められました。振り向くと…

❶酔(よ)っぱらいながら家に帰っています

❷おしっこをしたくなりました

❸「まあいいか」と立ち小便をしました

❹その後、警察官が…

### ?考えてみよう

Cさんはどうして警察官に呼び止められたと思いますか？　番号に〇をつけましょう。

1．おしっこをしてはいけない場所だったから
2．Cさんが酔っていて帰りが心配だったから
3．Cさんが財布を落としたから
4．Cさんがわざと自分の下半身をみんなに見せたと思ったから

理由を書きましょう

▶ 先生からCさんとみんなへ

　4の「Cさんがわざと自分の下半身をみんなに見せたと思ったから」かもしれません。外で排尿行為（立小便）をすることは「公然わいせつ罪」という犯罪になるかもしれません。たとえ誰かに見せるつもりはなくても、見えるかもしれないところで陰部（いんぶ）を出せば犯罪になることもあります。

● 公然わいせつ罪とは…

不特定多数の人の目に触れるような場所で公然と下半身を見せたり、裸になるなどのわいせつな行為をする犯罪です。

## ❓ これからCさんはどうしたらいい？

**周りの人の気持ちを考える**

　立小便の姿を目撃（もくげき）することは、気持ちのいいものではありません。特に女性からは、痴漢に間違えられる可能性があります。それに道も汚くなります。

**店から出る前や外出前にはトイレに行く習慣を付ける**

　長時間外出する前や、いっぱい水分をとった後には、トイレに行く習慣をつけましょう。電車に乗る前なども同じです。

そのつもりがなくても…

# 酔っていて部下につい…

Dさんは、会社の飲み会で、部下と一緒にお酒を飲みました。たくさん飲んだので酔っぱらってしまい、何件お店に行ったのか覚えていません。翌日、会社に行くと社長から呼び出されました。

❶会社の部下と飲み会へ

❷酔っぱらって、部下の女性に絡んでいます

❸酔っぱらって帰宅するDさん

❹翌日、なぜか社長に呼ばれて…

### ？考えてみよう

Dさんはどうして社長から呼ばれたと思いますか？番号に〇をつけましょう。

1. Dさんが女性社員にセクハラをしてしまったから
2. 社長はDさんが普段から仕事を頑張っていたので褒めようとしたから
3. Dさんにお酒を飲み過ぎないように注意しようと思ったから
4. Dさんが騒ぎすぎてうるさかったから

**理由を書きましょう**

> **▶先生からDさんとみんなへ**
> 　1の「Dさんが女性社員にセクハラをしてしまったから」かもしれません。Dさんは、かなり酔っていて何も覚えていないようですが、女性の部下に「キスしてもいい？」と迫ってしまいました。これは、セクシャルハラスメント（セクハラ）という「性的嫌がらせ」です。お酒の席とはいえ、性別にかかわらず、相手の嫌がるような性的な言葉や行為をしてはいけません。

● **セクシャルハラスメント（セクハラ）とは…**

セクハラとは、性的ないやがらせをすることです。体に触るなどの身体的な接触によるいやがらせや、言葉によるいやがらせもあります。例えば、手を握る、彼氏や付き合っている人との様子を聞く、などです。

## これからDさんはどうしたらいい？

**きちんと謝罪をする**

> 　セクハラを受けた女性は、もしかして、こんなことが起こる前、Dさんの仕事ぶりを尊敬していたかもしれません。この女性は、とても精神的にショックを受けています。社長同席のもと誠意をもって謝罪し、二度としないことを相手に伝えましょう。

**部下が同じ間違いを
しないようにみんなで気をつける**

> 　会社の人たちから「セクハラ上司」と思われ、Dさんと一緒に仕事をしたくないと思うかもしれません。また、部下もまねをするかもしれません。そうなるとみんな安心して仕事ができなくなります。同じことが起きないよう、みんなで気をつけましょう。

そのつもりがなくても…

# 子どもが大好き。公園で声をかけて遊んでいたら

Eさんは、よく子どもたちに声をかけて一緒に遊んでいます。
今日も、一緒に遊んでいましたが、とつぜん警察官に話しかけられました

❶公園で小さい子に声をかけるEさん

❷子どもといっしょに遊んでいます

❸Eさんを見て電話をする近所のおばさん

❹警察官に声をかけられました

### ❓考えてみよう

Eさんはどうして、警察官に声をかけられたと思いますか？番号に〇をつけましょう。

1．Eさんは、指名手配の犯人に似ていたから
2．Eさんが子どもを誘拐すると思われたから
3．Eさんが何か困っていると思ったから
4．Eさんは、お酒を飲んで酔っ払っていると思ったから

**理由を書きましょう**

### ▶先生からEさんとみんなへ

2の「Eさんが子どもを誘拐すると思われたから」かもしれません。子どもの親や周囲の大人から見たら「知らない人・素性がわからない人」と子どもが一緒に遊ぶことは危険だと思っています。誘拐されるのでは？と不審者と思った大人が警察に通報することは珍しいことではありません。

● **不審者とは…**

怪しい感じの人のことですが、この場合、子どもに声をかけ、子どもに不安を与える人物のことです。見知らぬ人だけではなく、知っている人の中でも子どもに対して悪いことをしようとする人もいます。

## ❓ これからEさんはどうしたらいい？

**組織の一員として子どもに関わる**

ボランティア活動として、自分の情報を団体にきちんと伝えて登録を受けるなど、組織に属しましょう。そして、組織の決まりごとを守りながら活動しましょう。子どもの保護者、周囲の大人の安心感がないのに子どもと関わると誤解を招きます。何よりも子どもの「安心」「安全」を第一に考えましょう。

**写真を撮影するのもダメ！**

勝手に人の写真を撮ることは、ストーカーや個人情報保護法違反にも当てはまる可能性もあります。子どもの場合、保護者の許可なく、写真を撮影してはいけません。

そのつもりがなくても…

# 知り合いから写真をもらいました

友達のタケシ君から知らない子どもがうつった写真をたくさんもらいました。「ワタル君、ちょっと見てよ」と言われましたが、ワタル君は急いでいたので、よく見ないでカバンに入れました。そしてワタル君はカバンを駅に忘れてきてしまいました。数日後、ワタル君の家に警察の人が来ました

❶タケシ君はワタル君に写真をわたしています

❷ワタル君はよく見ないでカバンに入れました

❸カバンを電車に忘れてしまいました…

❹ワタル君の家に警察が訪ねてきました

### 考えてみよう

どうしてワタル君の家に警察が来たと思いますか？番号に〇をつけましょう。

1．ワタル君がもらったのは子どもの裸の写真だったから
2．ワタル君は万引きしたと間違えられたから
3．ワタル君にタケシ君のことを聞きにきたから
4．ワタル君が駅に忘れたカバンを届けに来てくれたから

**理由を書きましょう**

▶**先生からワタル君とみんなへ**

1の「ワタル君がもらったのは子どもの裸(はだか)の写真だったから」かもしれません。ワタル君は、急いでいたのでよく見ませんでしたが、自分の性的好奇心を満たす目的で持っていたと疑われれば「児童ポルノ所持違反」の罪になるかもしれません。そのために、警察の人から事情を聴かれることになってしまいました。

●**児童ポルノ所持とは…**

児童ポルノ所持とは、18歳未満の子どもが下着や裸でいたり、子どもの性器を触ったり触らせたりする姿が映っている映像や写真を、自分の性的好奇心を満たす目的で持っていることです。

## これからワタルくんはどうしたらいい？

**受け取らない**

持っているだけも、写真にのっている子どもの人権をうばっていることになりますから、受け取らないことです。メールで送ってきてもすぐに削除しましょう。

**子どもの裸などの写真をもっている人とは付き合わない**

犯罪につながっているかもしれません。共犯になる可能性もあるのであまり付き合わない方がいいでしょう。

第2章

# 性の問題行動に対する
# 基本的な考え方

# 性の問題行動とその支援の抱える課題

## 1 性の問題で不安なこと

　近年、幼児を狙った悪質なわいせつ事件だけでなく、芸能人や政治家を含め、性をめぐる様々な事件が報道されています。有名俳優が一般女性に性的暴行を行い逮捕、大学生による女子トイレの盗撮、担任教師による教え子へのわいせつ行為などの性加害行為がある一方で、そこには性被害を受けた大勢の人たちがいます。保護者を含めた支援者としては、目の前の子どもが様々な性的な問題行動をするところを見ると、その子どもが将来、性加害をしてしまうのでは、性被害を受けるのでは、といった不安をもつのではないでしょうか。つまり、このままだとこの子は将来、

　「性犯罪者になるのでは？」

　「性被害を受けるのでは？」

　という大きな2つの不安がわたしたち支援者にはあるのではないでしょうか。これらの不安に対処するために様々な試みがなされていますが、性に関する問題は特殊性を伴い、対応がとても困難です。ここでは、まず性の問題行動の特殊性にまつわる3つの課題を示し、これらの不安を受け止めるために、「ではどうすればいいのか」について、その後に基本的な考え方について示していきます。

## 2 性の問題行動の特殊性にまつわる3つの課題

### （1）性のエネルギーの強さ

　性の問題を扱うにあたり、性のエネルギーの強さというものを理解していなければなりません。一般的に人の三大欲に「食欲」「睡眠欲」「性欲」があるといわれています。ここで想像してみてください。3日間食べ物がなく水しか飲んでいなかったときに目の前に大好きな食べ物があったら…。3日間徹夜を強いられ、目の前にふかふかの布団があったら…。"食べるな"、"寝るな"といわれても絶対に無理なことが容易に想像できるでしょう。同じように、性欲も食欲や睡眠欲と同じくらい強く、基本的にはとめられないものと考えた方がいいでしょう。むしろ、性欲がある方が普通で健全なのです。

　ときおり、性の問題行動を起こした子どもに刺激となる女性の写真やポスターなどを遠ざけるような指導（集団生活寮などで壁に貼るのは一切禁止など）がなされているのを見聞きしますが、そのような指導で女性への興味がなくなったり、健全な目で女性を見れる

ようになるものでもなく、むしろ禁止されればされるほど興味が増して逆効果になる可能性さえあります。ですので、性の問題行動を起こした子どもに対しても、通常想定される程度の異性への刺激のある生活を送らせ（といってあえて刺激に触れさせる必要はありませんが）、その中でどう対応していくかを一緒に考えていく方が現実的です。

## （2）発達の課題

　性行動そのものは生命誕生のための欠かせない営みであり、かつ極めてプライベートな性質をもっています。性的な欲求がないと人類は滅びてしまいます。覚醒剤使用や傷害・殺人事件などはその行為自体が犯罪に相当しますが、例えば強制性交等では相手の同意があった、なかったなど当事者間の関係性で犯罪になるかが分かれることもありますので、性行為自体が犯罪になるわけではありません。つまり、覚醒剤のように絶対的にダメといえず、

"ダメ" ⇒ "適切な相手と適切にしなさい"

と教える必要があるのです。しかし、この"適切"という言葉が微妙であり、発達障害や知的障害など発達上の課題をもった子どもたちにはとても難解です。教える側もどう適切に伝えていいか試行錯誤を繰り返しているという状況ではないでしょうか。

　例えば、

「いつから教えるべきか？」

「適切な相手とは年齢だけ気をつければいいのか？」

「適切なやり方とは何か？」

　これらは子どもに発達の課題がなくても、性の問題を指導する上で適切な答えがなかなか得られないものです。しかも、性は『極めてプライベートな性質』をもつため、気軽に支援者どうしで話し合うのが困難なことも、一層問題を複雑にしています。これは支援者の価値観にも関係するところです。

## （3）支援者の問題

　子どもの性の問題行動は、子どもだけの問題ではなく実は支援者にも問題があることもあります。支援者の性に対する価値観が統一されていないことで、性に対する一貫した指導ができないのです。支援者の問題として、次のものがあげられます。

### １）支援者の価値観と問題の混在化

　そもそも性の問題行動とはいったい何でしょう。例えば、次のような相談があったとします。
① 「小学２年の男の子がいつもエッチな写真を見ている」
② 「小学３年の男の子がよく人前でも股間を触ってしまう」
③ 「小学５年の男の子がマスターベーションばかりしている」
④ 「中学３年の女の子が18歳の彼氏と性的関係をもった」
⑤ 「特別支援学級の男の子がみんなの前でパンツを脱いでしまった」
⑥ 「中学３年の男の子が女子トイレをのぞいた」
⑦ 「高校２年の男の子が公衆トイレで幼稚園の女児の陰部を触った」

　これらはすべて性に関する問題行動と言えるかもしれません。支援者からすれば、子どものこのような行動に頭を悩まされるはずです。しかし、①や③などは支援者によって意見が分かれるところです。
　「人に迷惑をかけている訳ではないのでいいのでは？」
　「小学校５年生でマスターベーションは早すぎるのでは？」
　このような意見はまさに支援者の性への価値観も関わってきます。さらに、これらをひとまとめにして性の問題行動と捉えられてしまう傾向があり、問題の焦点がどこにあるのかが分かり難くなっているのが現状なのです。そのため、性の問題行動を大きく、『性加害』『性被害』『性のマナー』の３点に分類すると分かりやすいでしょう。

例えば、①②③⑤は"性のマナー"の問題、④は"性被害"の問題、⑥⑦は"性加害"の問題といえるでしょう。まず、それぞれの性の行動がどこに分類されるのか、そしてどういった場合にそれが"性の問題行動"になるのかを整理することが大切です。

## 2）受けてきた性教育がまちまち

　では、どうして支援者の性への価値観が分かれるのでしょうか。それは、その価値観が支援者自身の経験や支援者が受けてきた性教育に基づくからだと考えられます。現在支援者になっている方々の性に関する経験はもちろんのこと、数十年前に受けた性教育というのはまちまちです。著者の場合、性教育といえば中学生の時に、梅毒の怖さをビデオで見せられたくらいでしたので、"性行為は怖いものだ"といった印象が根付いただけでした。おそらく支援者の皆さんも同じような状況ですから、子どもに対してどんな性教育をすればいいのか、見当がつかない可能性もあります。

## 3）気軽に相談できる内容ではない

　支援者どうしで自身の体験を踏まえて話し合えばいいのでは、と考えられますが、決して気軽に相談できる内容ではありませんし、特に異性がいる場では性についての価値観やこれまでの体験などを共有しにくいことは想像に難くありません。

　こういった支援者の体験や価値観が異なることに加えて、情報を共有しにくいことが『子どもへの指導の一貫性のなさ』につながっている原因だと思われます。以上をまとめますと、子どもの性の問題行動に対しては

・やめさせるのではなく、子どもの発達の課題に合った適切な性への向かい方を教えなければならない
・支援者は性の価値観や体験がバラバラであり、情報交換もしにくい

　このような特殊性を含んだ課題があるのです。

# 性の問題行動の背景

## 1 性行動の動機・目的

　性の問題行動には様々なものがあります。成人でいえば強制性交、強制わいせつ、公然わいせつ等、身体的にも、心理的にも他者を侵害する性犯罪があります。子ども同士においても、性的な要因を含む行動で適応的ではないものが見られる場合があります。このような問題行動には、同意の概念が曖昧で、時には強制や脅しが使われていたり、年齢によっては、仲良くなりたい、楽しいといった理由で徐々にエスカレートする場合もあります。このような性の問題行動にはどのような背景があるのでしょうか。

　「性」とは、人が幼いころから、身体や認知、社会性の発達に伴って、段階的に発達していくものです。「性行動」といわれる行動も年齢に応じて徐々に変化していくといわれています。また、「性行動」とは、単に性行為に限られるものではなく、身体的、心理的、社会的な側面をもつものであり、その動機や目的は様々なのです。動機や目的の例として下記に示す事柄があります（Ryan, Leversee & Lane, 2010）。

- 見たい、知りたい、試したい、教えたいなどの好奇心・探求心にはじまり、学習したい
- 退屈から抜け出す、ストレスや緊張を緩和する、性的な興奮を求めるなどの感情や気分を変化させたい
- 人間関係、親密さ、友情、愛情など心理的な喜びを得たい
- もっといい気分になる、もっとうまくできる、コントロールできる、代償を得たい、心理的に改善したい等、自己イメージの回復のため
- 仕返しをする、苦痛を与えるなど怒りの行動や報復として

　性的なことはプライベートなことであり、話題にするのは恥ずかしい、タブーなことという印象を持つ人もいるでしょう。一方で、「性」に対して寛容でおおらかな人もいます。「性」に対する考え方や価値観は多様で、それは時代や文化、社会、世代等によって大きく違いがあるものです。そして、現代はその多様性が認められる時代であると考えます。いつ、どこでも、誰でもが、「性的な情報」を簡単に手にすることができる時代です。私たちは多様な性的な情報にさらされている状態にあるといえます。このような状況で、適応的な性行動を行うために、文脈や場面に応じた適切なふるまいが求められます。

　このような、様々な動機や目的に応じた適応的な性行動を行うためには、自分と他者のお互いの同意と、差別、強制、暴力のない対等な関係性が前提になります。「性行動は、

適応的に機能している行動と、もう一方の不適応的な行動との切れ目のない広がりの中に存在する」（Blasingame, 2005）とあるように、様々な動機や目的をもつ性行動について、本当に性的な行動が必要だったのかという観点での見直しが必要な場合があります。何らかの理由で、本来、性的な行動で対応するべきではない場面で性行動を行っていたとすれば、それは適応的な性行動とはいえません。私たちは他者との関わりにおいて様々な考え方や欲求の上で行動していますが、それぞれの状況や相手との関係性の違いによって、その場に適した行動を選択しています。しかし、性行動で応じてはいけない場面で性行動を行っていたとすれば、本来とるべき行動を学習し身につけることができなくなってしまいます。また、そこには間違った学習による、適応的ではない認知が影響していることも考えられます。性の問題行動を行った当事者にとって、本来身につけなければいけないスキルとはどのようなものかを早く見つけ、再学習することが必要です。そのためには、間違った認知の背景にある問題に視点を当てた理解と、心理教育、認知－行動的アプローチなどの心理的支援が必要です。

## 2 性の問題行動の背景

　性問題行動の背景には、この行動へ影響を与える次の4つの要因があるとされています（八木・岡本、2012）。

①子どもの脆弱性（発達の遅れや偏り、衝動統制困難等生まれもつ弱さ）
②家族の負因（保護者の精神疾患、指導や監督の欠如）
③性行動のモデリング（性的なできごとの模倣、ポルノなどの性的刺激への曝露）
④強制のモデリング（身体的虐待・DV・いじめなど強制や暴力の体験）

　これらは単独で影響を及ぼす場合もありますが、複数の要因が複雑に関係し合うこともあります。複雑な要因を抱える当事者が適応的な性行動、適応的な対人関係スキル、状況への対応方法等を再学習して社会の中で適応していくためには、次の視点を含んだ確認が大切でしょう。
　①年齢、②身体発達の状況（第二次性徴の発現状況）、③認知の発達状況や特性、④対人関係のあり方、⑤生育歴や生活環境、⑥逆境体験やトラウマ関連症状の有無、⑦性問題行動の様相。
　特に、性的なできごとにさらされた体験や、性的なものに限らず被害体験（トラウマ体験）は、被害者の身体面、心理的、認知面、行動面に強く影響を与え、それは長期に及ぶことがわかっています。社会性の未発達な子どもたちや、知的障害・発達障害を抱える人たちが、適切な性行動を行うことは簡単なことではありません。何らかの影響を受けて身につけてしまった性の問題行動を改め、適応的な行動を再学習して、すべての人にとって安全で安心できる関係づくりのサポートが必要です。

# 性の問題行動への支援の基本

## 1 性が問題になる子どもとは？

### （1）果たして性の問題しかないのか？

　性の問題行動への支援で注意すべき点は、"性の問題だけにとらわれない"ことです。性が問題になる子どもは果たして性の問題だけなのか、再度見直してみてください。性の問題行動さえなくなれば他に問題が何もないでしょうか。決してそんなことはないはずです。性の問題行動がなくなったとしても、対人関係の問題、感情の問題、イジメの問題、発達の問題、認知機能の問題、家庭環境の問題などが背景に隠れていることがほとんどです。

　子どもの場合、性欲というよりも、それらの背景にある問題がきっかけで性の問題行動を引き起こしていると考える方がいいでしょう。特に対人関係におけるコミュニケーション力の問題は大きく関係してきます。

### （2）性に必要なコミュニケーション力とは

　ところで、異性と健全なお付き合いをするためのコミュニケーション力にはどのようなことが必要でしょうか？

　異性と知り合い、性的な関係をもちたいと一方が考えた場合、具体的には以下のようなものが考えられます。「→」は留意点です。

#### 1）相手の表情を読む、その表情の背景を読む

> 相手が嫌そうにしていないか？
> ニコニコしていても実は愛想笑いではないか？

#### 2）言葉を理解する、言葉の裏を理解する

> 遠まわしに拒否の言葉を使っていないか？
> 「いいよ」といっても実は嫌われたくないからではないか？
> 怖くて「いいよ」といったのではないか？

## 3）動作やしぐさを理解する

➡️ 身体が拒絶していないか？
恥ずかしそうにしていても実は恐怖に怯えていないか？
怖くて逃げようとしていないか？

## 4）共感する

➡️ 戸惑い、不安、後ろめたさなど相手の気持ちをお互い理解しようとしているか？

## 5）気持ちを伝える・共有する

➡️ 性的な関係をもちたいという気持ちをお互い共有しているか？

これらの1つでもうまくいかなければ、つまり同意を得たと思っても実は勘違いをしていれば、結果的に相手を傷つけることになり、後になって性加害を受けたと訴えられる可能性もあります。特に発達障害や知的障害をもった少年にとっては、こういった微妙なやりとりの背景を理解するのがとても難しいでしょう。実際に、SNSなどを利用して"この女性ならわかってくれる"と勝手に思い込み、強制わいせつや公然わいせつなどで逮捕されたり、ストーカー行為を繰り返したりする少年もいました。

しかし、再度上記の項目を見るとわかるように、注意すべきはこれらが"性に特化したものではなく、通常の対人関係の中でも要求されるコミュニケーション力と変わりがない"という点です。この点もやはり発達障害や知的障害をもった子どもたちが特に苦手とするところですので、彼らは性の問題行動について、そもそもリスクを抱えているともいえるでしょう。

したがって、性の問題行動をもつ子どもへの支援として、まずは通常のコミュニケーション力に問題がないかを確かめ、もしあるとすれば性の問題に特化したものではなく、通常の対人関係でも要求されるコミュニケーション力をトレーニングすることが必要なのです。

## （3）脳機能の問題

"やっていけないことだとわかっていてもついやってしまう"

"人に流されやすい"

といった子どもたちがいます。暴力や万引き、窃盗などに加え、性の問題行動も同様です。頭では悪いことだとわかっていても、欲望に負けたり、ストレスから痴漢や強制わいせつをしてしまったりします。性の問題行動を減らすには通常のコミュニケーション力をつける以外に、もう一つの彼らへの支援として"ブレーキをかける力を強化すること"が必要です。

ブレーキには"心理的ブレーキ"、"社会的ブレーキ"、"物理的ブレーキ"、"注意の抑制力"などがあります。心理的ブレーキとは被害者の気持ちを想像する、自分の家族の悲しむ姿を想像する、悪いことはしたくない、などです。社会的なブレーキとは、社会的な制裁を受ける（逮捕される、刑務所や少年院に入る、職を失う、皆に知られてしまう等）などが考えられます。物理的ブレーキには、行動を制限する、刺激の多い場所に近づけない、などの行動療法的な介入があげられます。注意の抑制力としては、やってはいけない刺激にストップをかける脳機能の一つですが、犯罪者の特徴の一つとしてこの力が弱いことがこれまでに報告されています。

"心理的ブレーキ"、"社会的ブレーキ"、"物理的ブレーキ"は心理的なアプローチとしてこれまでも介入がなされてきましたが、注意の抑制力を向上させるためには別途、認知機能強化トレーニングなどを行うとより効果的でしょう。

また、逆にブレーキを弱くする影響因子として、家庭環境の悪さやイジメ被害などからくるストレスがあります。

## 2 ストレスがリスクを高める

性の問題行動の背景には様々な要因がありますが、それらに強いストレスが加わるとブレーキが弱まり行動化を起こすリスクも高まるため、ストレスを軽減させることが大切になります。性の問題行動をもつ子どものストレスの特徴としては、次のものが考えられます。

・ストレスへの耐性が低い

・ストレスをより感じやすい

・ストレスが多いのに発散法に乏しい

これらの中で、ストレスに対して有効な発散法をいかに多くもつことができるか、ということがストレス対処の鍵となります。ポジティブな発散法の選択肢をより多くもつこと

ができればいいのですが、選択肢が少ない子どもであればストレスを溜めやすく、より性の問題行動のリスクが高まってしまうでしょう。

　以上から、性の問題行動に対しては、従来の治療法に加えて

・コミュニケーション力の向上
・ストレスの軽減と発散法の充実
・注意の抑制機能の向上（脳機能的アプローチ）

この3つを考慮することが最も効果的であると考えられます。

　なお、注意の抑制機能の向上については、『性の問題行動をもつ子どものためのワークブック』（宮口幸治・川上ちひろ、明石書店）をご参考ください。

# 発達障害・知的障害のある子ども
# への性の支援

　発達障害・知的障害の特性がある子どもにも、思春期には二次性徴が現れ、目に見える体つきや、目に見えない頭や心の中での思考過程などが、量的・質的に急激に変化します。このような子どもへの性の支援をどのように進めたらいいのかよくわからないと、教員、支援者、そして保護者からよく聞かれます。

　具体的な質問としては、「男子が家に来て性的な関わりをしたようです（知的障害のある高校2年生女子）」「知らない女の子にいきなりキスをした（自閉スペクトラム症のある中学3年男子）」など、さまざまあります。女子の場合は性的な被害を受ける、男子の場合は性的な加害を与えてしまうことも少なくありません。

　学校における「性に関する支援」で多く実践されているのが、保健体育や健康教育のように、事前にわかっていると今後の生活や性行動に役に立つ知識や技術の習得のための授業です。多くの子どもたちは学校で性教育を受けているのですが、発達障害・知的障害のある子が性被害や性加害を回避し、対応できる知識や技術を習得するには不十分なところがあります。やはり、障害特性を考慮した性への支援が必要となるでしょう。

　ここから、性の問題行動への対応の一例を示します。

## Step1　問題の発生を分析

　問題がなぜ起こったのか、「①本人（嗜好、衝動性のコントロール、特性から問題が発生している可能性、知識の有無など）」「②教える側（適切な支援ができているのかなど）」「③周囲の人々や環境（誘われやすい友だちや環境が近くにあるなど）」の3領域から分析します。問題は本人だけに原因があるのではなく、家庭、学校、社会環境が安定していないことによって発生することもありますので、俯瞰的にみることが大切です。また、コミュニケーション力の程度を確認することは非常に重要です。前に述べたように、普段のコミュニケーション力が問題に大きく影響します。

## Step2　問題への対応

### （1）基本的知識の確認

　プライベートゾーンの名称や意味、適切なコミュニケーション方法、適切な人間関係とは何か？許可される行為は？など、これくらいは分かっていると思われる点について理解

できているのかを再確認します。また、"言葉や知識として知っていること"と、実際に行動できることにズレがあることがありますので、確認する必要があります。

## （2）障害特性を考慮した支援

　知的障害がある場合は、本人の理解度に合わせて教材や内容を設定し、繰り返し教えることが必要になります。発達障害があり、"こだわりや先の見えにくさ"から問題が発生しているときは、全体像を伝えて物事を時系列別に確認する、"独特の理解"については本人の理解を確認して、他の対応方法を一緒に考えるなどバリエーションを増やすことが効果的です。

## Step3　適切な行動ができているか点検

　Step2（2）の対処方法が適切に行えているかどうかを確認し、できていれば正のフィードバックを伝えてその行動を強化する。その後、対応のバリエーションを増やしていきます。

　すべての問題が障害特性から発生するわけではありませんが、本当に性の問題行動なのかの見極めが必要となります。例えば「性教育を受けたりアダルトビデオを見た後に、女性更衣室をのぞいた」、「人前でも服を脱いで裸になってしまう」ことは、一見すると性の問題行動だとみなされるかもしれません。しかし、性教育やアダルトビデオで学習したことを実際に試してみたかったのかもしれません。感覚過敏によって衣服の素材や締め付けが気になり服を着ていられなかったのかもしれません。他には協調運動の苦手さから対人距離を測れず、相手との距離が近くなることもあります。思春期になると二次性徴が始まり性に関する問題ではないかと判断されやすくなりますが、障害特性が関わっていないかどうか一考してください。

　「性に関する支援」のゴールの一つとして、"適切な行動を習得すること"があります。これは前に述べた「適切な相手と適切なことをする」ことにつながります。最終的な判断基準として法律に触れないか、ということがありますが、性の場面ではマナーとして社会や周囲の人に迷惑や不快感を与えないことも目安になるでしょう。この基準は主観的なもので支援者によって異なりますので、具体的な基準を決めておくほうがいいでしょう。

　あまりにも高い目標を設定すると、支援する側が厳しく対応してしまい、子どもとの関係が悪化するかもしれません。まずは最低限の目標を設定し、一段ずつ目標を引き上げていくのが現実的です。性に関することは周囲の目が厳しく、できないことを叱責することが多くなります。そうなると子ども自身のストレスがたまり、問題行動の繰り返しになるという悪循環に陥ることも考えられますので、よい行動をほめて強化することに意識して関わるとよいでしょう。

教員、支援者、保護者が日ごろから丁寧に関わることで、子どもたちも安心して生活できます。このような関わりが性の問題の予防となり、問題が起こったときの早期介入につながります。性の問題はだれもが介入しにくい問題ですが、子どもたちが困った状況にならないようにするには、周囲の支援者の連携と細やかな関わりがあってこそ可能になると考えます。


**参考文献**

・Blasingame,G.D.（2005）. Developmentally disabled persons with sexual behavior problems :Treatment・management・supervision.　2nd ed.The Safer Society Press. Cohen,J. Mannarino,A. Deblinger,E.（2006）. Treating trauma and traumatic grief in children and adolescents. Guilgord（ジュディス、A、コーエン・アンソニー、P、マナリノ・エスター、デブリンジャー［著］、白川美也子・菱川愛・冨永良喜［監訳］（2014）『子どものトラウマと悲嘆の治療　トラウマ・フォーカスト認知行動療法マニュアル』金剛出版
・Ryan, G., Leversee, T. & Lane, S.（2010）. Sexuality:The offense-Specific Component of Treatment. In G. Ryan, T.Leversee,& S.Lane.（Eds）.Juvenile Sexual Offending:Cause, Consequences, and Correction.　3ed edition. John Wiley & Sons. Pp.311-343.
・Silovsky.J.（2009）. Taking Action Support for Families of Adolescents with Illegal Sexual Behavior.The Safer Society Press.
・八木修司・岡本正子編著（2012）「『性的虐待を受けた子ども・性的問題行動を示す子どもへの支援』子ども福祉施設における生活支援と心理・医療的ケア」明石書店
・本多隆司・伊庭千惠（2016）『性問題行動のある知的・発達障害児者の支援ガイド　性暴力被害とわたしの被害者を理解するワークブック』明石書店
・川上ちひろ（2015）「自閉スペクトラム症のある子への性と関係性の教育: 具体的なケースから考える思春期の支援」（金子書房）
・宮口幸治・川上ちひろ（2015）「性の問題行動をもつ子どものためのワークブック」（明石書店）
・川上ちひろ、ほか（2019）「発達障害のある女の子・女性の支援:「自分らしく生きる」ための「からだ・こころ・関係性」のサポート」（金子書房）

第**3**章

# 性の問題行動に
# 関するQ&A

性のマナーに
関すること

性のマナーに関すること

# 人前で陰部を出したり卑猥な言葉を言ったりする子ども

Q A君は、特別支援学校高等部2年の男子です。人前で陰部を出したり知っている卑猥な言葉を言ったりします。いくら注意しても直りません。最近では、周囲の生徒も呆れ顔です。どのように指導したらよいでしょうか？

## ■このような背景があるのでは？

　どのような行動にも意味があり、主に「要求」「拒否」「注目」「退屈」の4つがあるとされています。その行動が起きる直前、起きている最中、そして起きた後のA君の状況はどうでしょう。しばらく時間をかけて記録をとってみると、その行動の要因が見えてきます。

　A君の場合は、「人前」で性的な不適切な言動をしているので、周囲の「注意を引きたい」「自分をみてほしい」という「注目」されたい気持ちによるものが考えられます。

## ■こう対応してみましょう

**反応せずに無視をする**

　周囲にはA君が卑猥な言動をしたときには、無視するように伝えます。無視は、A君が正しい行動を学ぶために必要なことです。また、周囲の皆にも力になってほしいことも一緒に付け加えます。指導者も、感情的に怒ったり注意したりすることは逆効果です。ますますエスカレートする可能性があります。

**望ましい行動を増やし認められる機会を持つ**

　A君の得意なことを発表する機会を作ったり、友達との協働作業を通して役割を果たしたりするようにしましょう。A君にお任せする用事を頼んで役割を遂行するなどして、認められ、褒められる行動で注目される機会を増やすこともいいでしょう。

**本人にわかる形で伝え、視覚に残す**

　書く、写真や図で示すなど本人のわかる形で「していいこと、いけないこと」をはっきり示す方法もあります。授業の中で素敵な男性の身だしなみ、言葉遣いなどをグループディスカッションし、実際にその場でモデルを示すなどしてしましょう。その様子を撮影し、いつでも見える形に残しておくことも有効です。

## ■ここにも注意！

　「退屈」であることも不適切な行動につながることがあります。休憩時間の過ごし方を決めておくことも不適切行動をなくすことにつながるでしょう。

性のマナーに関すること

# 男の子同士がふざけ合って、性器の触り合いをしていることがわかりました。

Q 小学校4年生の男の子です。クラスの女の子が数名「先生、KくんとTくん、変態！お互いのあそこを触り合っているよ。気持ち悪い」という訴えがありました。ふざけていると思いますが、どのように指導したらよいでしょうか？

### ■このような背景があるのでは？

ふざけてお互いの性器を触り合う…この年代の男の子にしばしばみられる光景です。思春期前の年代の子どもたちは、人の身体への興味関心が深まり、仲の良い友達同士で見せ合うこともあります。性器を触ることが楽しい遊びになっていたり、人前でわざとやることで周囲の注目を引こうとしているかもしれません。また、性器が大切な体の場所であることや、人前で触ることは公共のマナーに反していることを理解していないかもしれません。

### ■こう対応してみましょう

プライベートゾーンのルールを正しく教えるチャンスです。プライベートゾーンとは、口、胸、性器、お尻（口と水着を着ると隠れるところ）です。そして、①人のプライベートゾーンは見ない、触らない、なめない、②自分のプライベートゾーンを見せない、触らせない、なめさせないというのがルールだと伝えます。同性でも体に触れないマナーを守るように指導します。

また、性器について正確な名称を提示し、科学的に教えることも大切です。性教育の教材にも使える絵本や図鑑も多くあります。

### ■ここにも注意！

「性器に関心が持つようになったことは、自然なことであり、確実に大人に向かって成長している」ことを子どもにも伝えましょう。人それぞれ成長のスピードは違います。また、性器の色や大きさ、形も個人差があることも教えながら、大人に近づく自分の体、友達の体を大切にすることについて、話し合ってみるのもいいでしょう。

| 性のマナーに関すること |
|---|

# 小学生の息子が夜1人でマスターベーションをしています。エロ本、アダルトサイトを見ているようです。

**Q** 小学5年生の息子は、夜な夜なマスターベーションをしている様子。先日、部屋の掃除をしていたらエロ本が出てきたり、パソコンの履歴からは、アダルトサイトが検索されたり。少し早い気がします。うちの子は異常でしょうか？

## ■このような背景があるのでは？

　男の子は、形態面や生活習慣により日常的にペニスをさわりやすいことから、性の快感に早く気がつきやすいといわれています。マスターベーションへ移行するのはごく自然なことだと考えられます。男性の特徴が出てくる二次性徴は7、8歳から始まり17、18歳くらいまでに完成します。小学5年生でマスターベーションをしていても心配はありません。興奮を引き出すために雑誌や写真、漫画、ビデオなどが使われていることがありますが、方法は人それぞれです。思春期になると性ホルモンの分泌が活発になるので、マスターベーションの頻度が成人よりも多くなるといわれています。個人差はありますが1日3回以上していたとしても気にしなくて大丈夫でしょう。

## ■こう対応してみましょう

### 静かに見守る

　マスターベーションは身体に害はありません。しすぎると精子がなくなる、頭が悪くなる、突然死（若者間ではテクノブレイクと呼ばれている）してしまうといった話がありますが、これもまったく根拠はありません。お父さんにも最近の息子さんの様子を話し、夫婦で息子さんの成長の一つとして見守っていくことをおすすめします。

### 専門家に相談する

　学校の養護教諭や地域の保健センターの保健師に相談することもできます。また、県の健康福祉相談窓口では、電話やメール相談も受け付けているところがあります。

## ■ここにも注意！

・ペニスを床に擦りつけたり叩いたり本で強くはさんだりして射精しようとする人もいますが、将来、勃起が持続しなかったり膣内射精できなくなったりします。安全で健康的な方法を教えてもらえるように学校に相談してもいいかもしれません。
・女性にもマスターベーションはあり得ることです。胸や性器を触る、専用の器具を使うなど人によってさまざまです。男性と同様、異常なことではありません。

性加害・性被害に
関すること

性加害・性被害に関すること

# 学習塾で女子トイレをのぞく男子生徒がいます。

Q 私の経営している学習塾で女子中学生から訴えがありました。ある中学生男子生徒が、トイレをのぞいていたようなのです。女子生徒は、嫌悪感いっぱいで塾やめたいと言っています。どうしたらいいでしょう？

### ■このような背景があるのでは？

思春期前の子どもにとっては自分や他人の体に強く関心を示し、トイレで友だちと性器を見せ合うこともあります。これは性の健康な発達過程ですが、徐々に、プライベートを尊重し社会適応的な行動を身につけていきます。しかし、思春期を迎えた中学生によるこのような行為は、相手のプライバシーを侵害する性の問題行動になることが理解できていない可能性があります。そして、その背景に友人関係や勉強、あるいは家庭内でのストレスがあったり、知的なハンディや発達障害があることも考えられます。

### ■こう対応してみましょう

トイレをのぞいた理由を聞いても、本人が正直に言わない可能性があります。恥ずかしさや罪悪感もあり、やっていないと否認するかもしれません。無理に理由を言わせようとすると、一見誰もが納得するような話をつくることがあります。

このケースのような場合、二度と同じことを繰り返さないためにどうしたらいいかを考えることが大切であり、そのためにはこの男子生徒を守る姿勢で臨むことがポイントです。"あなたを守るために正直に事実を話して欲しい"と伝えます。理由や動機を知ること、謝罪することももちろん重要ですが、まずは事実を確認することが大切です。

### ■ここにも注意！

・事実確認には、先入観をできるだけ除くことが大切です。女子生徒の勘違いだった、のぞき以外にも写真や動画を撮っていた、誰かに指示されて行った等の可能性もあります。
・のぞいたことが事実であれば、男子生徒、女子生徒の保護者にも会って事実を報告する必要があるでしょう。被害生徒へのケアも言うまでもありません。
・それでもなお繰り返す場合には、適応的な行動を身につけるために専門家の治療を受けるほうがいいでしょう。自分の行動を変えること、性行動のルール（同意、境界線やプライベートゾーン、被害者の気持ち、等）など根本から学んでいく必要があります。

性加害・性被害に関すること

# 電車の中で隣に座った女性の髪に触れ、匂いをかぐ、足を触る男子生徒がいます。

Q B君は、電車で学校に通う特別支援学校高等部1年の男子です。下校時、すいている電車内で女性の隣に座り、髪に触れました。別日には女性の匂いをかぐ、足を触ろうとしたので、気持ち悪がった女性が駅員さんに伝え、学校に連絡がありました。

## ■このような背景があるのでは？

　発達障害や知的障害があると、他者との適切な距離を測ることが難しいことがあり、自分の興味があるものに近づいてしまうことがあります。例えば、長い髪が好き、ストッキングが好きなどであれば、もしそれをすればどうなるかを考えることが難しく、好きなことに集中して実際に触ってしまうこともあります。

## ■こう対応してみましょう

### どのようなことが効果的かを観察し、試行錯誤で対処方法を探す

　実はこれらの問題は、性問題に特化した行動だけでなく、不適切なこだわりによる不適切な行動全般にどう対応するかという問題と同じだと考えていいでしょう。さらに厄介なのは、女性への興味や関心は本来本能でもあり、悪いことではなく、「やめさせよう」として簡単に止められるものではないことです。これらには、これといった特効薬はありません。したがって、どういったときにBくんの不適切な行動が増えてしまうのか、逆に減るのかを観察して最もうまくいく対処方法を見つけ、適切な行動がとれたら褒めて、適切な行動の強化をしていくことが大切です。

### 最初からできる限りのリスク回避を

　Bくんが自分の好みの相手に出会わないこともリスク回避につながります。そういった環境調整をできるだけ工夫することも支援の一つだと言えます。

## ■ここにも注意！

・「叱る」指導は、一時的に問題行動が減るかもしれません。しかし「叱られた」ことだけが記憶に残り、子どもにはストレスが溜まるだけかもしれません。不適切な行動の背景に何らかのストレスがあり、それが次の不適切な行動につながっていく可能性もあります。
・"すいている電車でわざと女性の近くに座らない"ことは、多くの高校生は知っているでしょう。しかし、知っていることと、とっさの時（自分の好きなものが目の前に現れたとき）の行動は異なることがあります。ですから、口頭の答えが正解だから「できる」と評価せず、「行動できたときにできた」と評価しましょう。

性加害・性被害に関すること

# 公園で年少の女の子に付きまとっているかもしれない男子がいると地域の住人から学校に連絡がありました。

Q C君は、中学2年生です。放課後帰宅すると頻繁に公園に出かけていき、年少の女の子をじーっと見ているようです。年少の女の子が被害にあう事件が多発している近頃、地域の方々も気にかけてくれているようです。

## ■このような背景があるのでは？

　C君の行動には様々な背景が考えられます。興味のあることにこだわる特性があると発達障害や知的障害を持っている可能性もあり、「人」ではなく「持ち物や服装」に気になるものがあり、見ているのかもしれません。また、特定の年少女児やこの年代の女児に関心があり、公園に行っているかもしれません。自分より弱い存在であることを認識し、思い通りにできそうだと考えているかもしれません。一人でいることから同年代の交友関係が築けずストレスが溜まっているかもしれません。

## ■こう対応してみましょう

**C君にさり気なく話を聞いてみましょう**

　女児を見ていることにはふれず、よく公園に行く理由を聞いてみましょう。目的は、帰宅後の過ごし方、家族との関わり、交友関係などの情報を集めることです。C君が公園に行く背景が見えてくるかもしれません。信頼関係ができ、C君も安心して話せるようになれば次のことを伝えてみます。

**疑われてしまうことを伝えましょう**

　声をかけなくてもじーっと見たりすることで、C君の行為が付きまといやわいせつ目的ではないかと周囲の人に思われてしまうことを伝えましょう。具体的には「まさかそんなことは考えてないと信じているけど……」と前置きすることがポイントです。

## ■ここにも注意！

・関心がある人や物に対して「見ない」ということは、誰しも難しいことです。関心のある人や物に対する見方（ちらっと見る程度…チラ見のテクニック）を教えるといいでしょう。このとき、人により感じ方は異なるためロールプレイングしてみましょう。

性加害・性被害に関すること

# 幼稚園の娘が、隣の家の小学生の男の子と一緒に遊んでいるときにHなことをされました。

Q 娘から「隣のお兄ちゃんからHなことされたよ」という話を聞いてびっくり！隣のお兄ちゃんとは、小学3年生の男の子のことです。うちの娘は、まだ幼稚園の年中です。これからどうしたらいいでしょうか？

## ■ このような背景があるのでは？

年中児と小学校3年では子ども同士で遊んでいても、体格や知能の差があり、一方的になることもあります。これまでも不適切なことをされていたかもしれません。隣の男児は興味本位で行ったことも考えられますし、日常のストレスを弱者に向けて発散していたかもしれません。男児自身がいじめや被害に合っている可能性もあります。

## ■ こう対応してみましょう

### 娘への対応

まずは秘密にしないで話ができたことを褒めます。落ち着いた態度で話を最後まで聞き、大人の意見をはさまないようにします。思い出して怖がったり不安になったりしたら、深呼吸やストレッチを一緒にしましょう。次にそれが性の問題行動になっていたかを確かめ、問題行動に相当するのであれば今後お兄さんとは2人きりで遊ばないことを話したり、拒否の仕方を一緒に練習したりしましょう。

### 男の子への対応

性の問題行動と判断したなら、男の子の保護者には伝えておいた方がいいでしょう。相手の保護者は、恥ずかしさや後ろめたさ、自分の子どもへの憤りを感じるかもしれませんし、伝え方によっては隣人関係で取り返しのつかない亀裂が入ることもあるので、この年頃の男児には珍しいことではないことを伝え、男児を必要以上に責めないこと、これから起こらないようにどうすればいいかを建設的に話し合った方がいいでしょう。

もし隣人と良好な関係が保てているのであれば、男児が学校で対人関係や学習に課題やストレスを抱えていないかなど、担任の先生と相談してもらってもいいかもしれません。

## ■ ここにも注意！

・逆のケース、女児から男児への性的ないたずらも十分にあり得ること、性加害側は男児、被害者は女児と最初から決めつけないようにしましょう。
・性の問題行動の見極めは、保護者の性に対する感じ方や価値観の違いから難しいことが多いです。疑問に思ったら、複数の大人や専門家の意見を聞いてみるといいでしょう。

思春期に
起こりがちなこと

思春期に起こりがちなこと

# 女子高生が出会い系サイトで、不特定多数の男性と性交をしているようです。

Q 彼女の話を聞いた女子から「先生、あの子やばいよ。出会い系にハマっているみたい」という話を聞きました。どうしたらいいですか？

### ■このような背景があるのでは？

　日頃抱えていたストレスをSNSのやりとりで解消でき、一時的でも優しくされたいという気持ちから会い、不特定多数の性交に至ることは不思議ではありません。ストレスの背景には家庭環境の問題（夫婦仲、虐待など）から居場所を見いだせない、学校でいじめに遭っているなども考えられます。また、過去に性的被害に遭った経験があると性行動を再現したり、他者と適切な距離をとれなったりすることがあります。

### ■こう対応してみましょう

**行為自体を否定しない**
　否定的な話は避けつつ、本人の抱えている悩みや辛さに耳を傾け、その生徒が安心感を持てる話し相手になれることを一番に目指しましょう。場合によっては抑うつ症状や自傷行為、希死念慮、感覚、感情、記憶などに問題が見られるかもしれません。必要に応じて専門医療機関の受診や児童相談所などに相談するといいでしょう。

**日々の見守りをしていきましょう**
　食事、睡眠、月経の状態など身体の具合、気分の変動、友人との関係、日課への取り組み状況など丁寧に見守り、できれば本人と一緒に確認できるといいでしょう。

### ■ここにも注意！

・警察庁のまとめでは、性被害の過半数は児童で児童買春が最多です。相手が反社会的組織や薬物依存者なら薬物摂取の危険性も考慮すべきです。不特定多数の相手と性交をしていることで梅毒などの性感染症にかかるリスクもあります。また、これまでには手錠をはめられ高速道路上に放置されて死亡した女子中学生監禁致死事件や大人への殺人事件も起きています。

・SNSが唯一のコミュニケーションツールとなっている若者も多く、一概にSNSを否定はできません。出会い系アプリが縁で結婚する人もいるなど、関係性は両極端といえます。SNSへの否定的な発言は、生徒から反感を買うだけでなく、何も理解していない大人として捉えられてしまうので要注意です。

思春期に起こりがちなこと

# 好きな男子に誘われて、すぐに性行為をした女の子がいます。

Q 中学校の教員ですが、先日廊下で生徒たちの話を耳にしました。3年生のSさんが、好意を抱いていた男子生徒から呼び出されて、性行為に応じたようです。学校では、性教育をしていないし、とても心配です。

## ■このような背景があるのでは？

　Sさんの年齢には性ホルモンが活発に分泌されるため、生物学的な面からみてもごく当然の現象として恋愛や性に興味をもつようになります。一般的に男子の方が性的なことについては活発なイメージがあるかと思いますが、性体験については女子の方が早熟であるという結果があります（2011JASE全国青少年の性行動・性意識調査）。Sさんは、既に性交を経験していて好きな相手との自然な行為だったかもしれませんし、初めての性交だったかもしれません。しかし、「嫌われたくない」「求められたから仕方なく」といった受容的な態度、または強引に迫られての性交であった可能性も考えられます。

## ■こう対応してみましょう

### 禁止や否定形で話をしない
　Sさんが相談をしてきたときには「あなたはどう思う？」と投げかけてみましょう。大人自身の恋愛観やセクシャリティを押し付けることなく、Sさんが自分の性について自分で考え向き合えるような言葉をかけてみましょう。

### 肯定的な恋愛と性の話を
　性交は、生殖につながる行為であり、汚らわしい行為ではありません。中絶や性感染症を強調するばかりでは、「性＝悪いもの」と解釈して、大人になってもそのイメージから逃げられなくなってしまいます。大切な人とのパートナーシップの築き方を一緒に話し合うなどして、性を肯定的に捉えられるようになるといいでしょう。また、このような話をするには、日頃からのコミュニケーションが大切です。

## ■ここにも注意！

・筆者が行った「好きな異性としてみたいこと」のアンケート結果では、男子では性行為、女子ではデートが多いという結果でした。異性の感じ方には大きな差があることを知ることにも効果があるでしょう。
・性交は、望まない妊娠や性感染症のリスクがあるので、正しい避妊や性感染症の予防も伝えましょう。

第3章　性の問題行動に関するQ＆A

## 思春期に起こりがちなこと

# 中学生の息子が友だちの家に遊びに行って、皆でHなDVDを見ているようです。

Q 息子が部屋で友だちと電話している内容を聞いてしまいました。どうも、アダルトビデオを鑑賞しているようなのです。注意した方がいいでしょうか？

### ■このような背景があるのでは？

　性的な関心が高まる思春期なら当然の行動で、健全であるとも考えられます。いま大人になっているお父さんも思春期の頃は、アダルトビデオの貸し借り、アダルト雑誌の回し読み等、エッチな情報を手に入れるため奮闘してきたはずです。しかし、お父さんは現在、性的な問題を起こしているでしょうか。思春期の頃に異常と思われるほど興味があったとしても大人になるとほとんどが落ち着き、通常の生活を送っています。

　現在は中学生でも性的情報はインターネットから簡単に入手でき、昔よりも情報に触れることはより容易になっていますが、その分、性犯罪者が増えている訳ではありません。過度な心配は不要でしょう。

### ■こう対応してみましょう

　大人が、なぜ子どもにアダルトビデオを見てほしくないかという理由に、子どもの性的な成長に戸惑いを感じることや、将来、性犯罪者など性の問題行動を起こすのではといった懸念があります。また、暴力的な描写、どちらかの性をおとしいれる描写など、内容を鵜呑みにしてほしくないという思いもあります。しかし、アダルトビデオを見ないように注意をしても、とめられてやめることはないでしょうし、とめられることで余計に見たくなること、友達とのやりとりを知られたことに怒り心頭し、親子関係に亀裂が生じることも予想できます。

　ここは子ども成長を信じて、不特定多数との性交で性感染症になる、ビデオのような性的行為をまねると相手を傷つけたり、犯罪になることもある、など常識的知識にふれさせるような働きかけをした方がいいでしょう。

### ■ここにも注意！

　かつては友だちどうしの猥談を通して、なかなか手に入りにくい性の情報を得ていました。実はコミュニケーション能力の向上にも一役買っていた貴重な場だったのです。現在はSNSやインターネットで簡単に性の情報が手に入ります。むしろ、友だちとの直接の猥談ができる力をつけることが大切だったりします。これは女子も同様です。

> 思春期に起こりがちなこと

# 男の子がスマホで自分の性器の画像を送ってきました。

**Q** 中学2年のクラスの担任です。女子生徒から、「クラスメイトの男子のJ君が自分の性器の画像を撮影し、メールで送ってきた」と相談がありました。女子生徒はJ君とはお付き合いもしていないし、画像を送り付けられて気持ち悪がっています。J君へどのように指導すればよいでしょうか。

### ■このような背景があるのでは？

　思春期に入ったこの年齢の子どもたちは、自分の体の変化や性的な情報に興味関心が非常に高まります。女性に近づきたい、触れてみたい等、異性に対する気持ちの高ぶりは成長の証です。J君はその女子生徒に好意を持っているのかもしれません。しかしこの場合、性的な気持ちの表現のあり方を再度考え直してみる必要性は大きいでしょう。

　また、J君がとった行動の背景には、性的な気持ちを表現すること以外の要因も考えられます。画像を見た相手の驚く姿を想像して楽しんでいるのかもしれません。あるいは逆に困らせてやりたいといった感情を持っている場合も考えられます。相手に対して自分の存在を知らせようとする行為であることも考えられます。

### ■こう対応してみましょう

　性的な感情表現ではなく、相手に対して自分の存在を知らせようとしたり、相手を驚かせたり困らせるためにやっているとすれば、日常生活の中で何か不全感を感じていたり、友人や家族との関係など対人関係の問題や悩みを抱えている等、何か他の要素があるかもしれません。その場合、対応としては性的な問題行動にだけ目を向けるのではなく、広い視野で子どもたちの生活全般を眺めてみることが必要です。

### ■ここにも注意！

　女子生徒への好意表現としてこのような行動をしているならば、性器をみた相手がどのように受け止めるのかを考えてみる必要があるでしょう。相手の立場にたって考えてみること、自分の行った行為をいろいろな角度から振り返ってみることが大切です。例えば、自分も女性器を見たいのだから、女性も自分の性器を見せれば喜ぶのではないかといった自分本位の考えが根底にあるとすれば、そこをみなおす必要があります。相手の考えや気持ちをよく知って、相手を傷つけない方法で、健全に異性との関係を築いていけるような指導が望まれます。

### 思春期に起こりがちなこと

# 中学生の息子が、親のいない時に彼女を連れてきて部屋でエッチなことをしているようです。

**Q** 先日、私が帰宅すると中学生の息子の部屋のベッドで息子と女の子が一緒に布団に入っていました。洋服は着ていましたが、もう、びっくりです！うちの子が誘ったのでしょうか？それとも彼女？どうしたらいいですか？

### ■このような背景があるのでは？

　どっちが誘ったのか？というよりも、2人に性的な関心が高まっていることは事実です。あふれる性情報の中では、どのように性交に結び付けるかのノウハウを記した、性行動を煽るようなものも少なくありません。また、友達カップルが性交をした噂や「君たちはまだなの？」などのプレッシャーを感じる言葉をかけられることも少なくないでしょう。

　「性交は何歳からしてよいか？」この問いにきちんと向き合って、答えを出している人も情報もありません。状況が揃えば、性的な関心が高い思春期のカップルは行動してしまうでしょう。

### ■こう対応してみましょう

　なぜ、大人が中学生や高校生の性行動に賛成しないのか？このことをきちんと伝えます。いいことであったら、とめずに奨励するでしょう。しかし、大人の多くは反対だと思います。それは、きちんとした知識もなく性交をしたら望まない妊娠や性感染症の可能性があるからです。「生命」がかかわる重大な行為であること、経済的にも精神的にも「自立と責任」が不可欠です。中学生である2人は、保護者の下で生活しています。自立しておらず、責任が取れる立場ではありません。性行為を禁止する、ということよりも「今はまだ早い。焦らない」ということを強調します。

　性的な関心が高い思春期の男女が2人きりになって、その後…予想する通りです。ですので、自宅でのルールを再考します。帰宅時間を決めること、親が不在の際に自宅に入れないこと、話をするのはリビングの場で行い、自室には入れないことなどです。

### ■ここにも注意！

　性交に至った後、もし彼女が「本当は嫌だったのに、無理矢理にされた」と、彼女が保護者に話して訴えられたら男性が強制わいせつ罪になる可能性があることや、性交後の妊娠、出産、または中絶手術などの一連の選択を迫られるのは女性であることも双方に伝えます。心も体も、進路も全く「今」とは違う状況になり、そうでなかった「あの時」に戻ることは難しいことも伝える必要があるでしょう。

| Column |

## 性的なマナーとエチケット

　マナーにはいろいろありますが、性的なマナーができていない人は、確実に嫌悪感をもたれてしまいます。マナーやエチケットは、誰もが気持ちよく生活していくために必要なことであり、この意識が希薄な人は、周囲の人と良い関係性を築いていくことは難しいでしょう。マナーを守る、エチケットを意識する気持ちを育てていくためには、具体的に、適切に教えていきましょう。マナーやエチケット違反をする人は、初回にそれをしたところ、注目されることを覚えてしまって繰り返す、人にどう思われるかのイメージがもてないことから、してしまうことが考えられます。では、どのように教えたらよいのでしょうか。

## 禁止だけでなくどうしたらいいか？集団での学び合いを通して

　「自転車の女子中学生をじーっと見てつきとってくる、やめさせてほしい」という通報がA中学校に入りました。その男子の名前（B君）も判明していたので担任のS先生は、B君の保護者に連絡を取り、三者面談を行いました。「女子中学生が気になってしまったので、見てついていってしまった」という理由がわかりました。女子中学生が恐怖を感じていること、そのようなことをすると警察が介入することを伝え、帰宅後の過ごし方や外出時の約束を設定しました。

　さらにクラスでもこれを取り上げてシナリオを作り、実際に男子と女子に分かれて寸劇を試みました。相手に不快感を与えない、適切な見方を皆で考えたのです。気になったときの対応方法として「チラ見」ならばいいのではないか？　具体的には、1秒見たら、目をそらす、3回以上見ない、ガン見（ずっとみる、じっと見る見方）は禁止。みんなで考えることを通して、C君はこれまで気にしていなかった自分の行動をふり返ることができました。

## 恥じらいを教えるのは難しい？

　知的障害をもった子どもには、「恥ずかしい」という気持ちを教えることは難しいのでしょうか？

　こういう相談を受けることがあります。例えば、股を開いた座り方、下着が見えてもお構いなし、こういった振る舞いが見られたときには、タイムリーに「恥ずかしいよ」とその行動と言葉を一致させて正しい振る舞いの手本を示すと効果的です。また、一番身近で毎日長時間一緒にいる大人、先生が一番の手本であると言えます。ぜひ「すてきな男性（女性）」像を具現化してみてください。立ち振る舞い、身だしなみ、話し方などなど「先生のような男性（女性）になりたいな、すてきだな」こんな風に思われるようになったら、しめたものです！

第**4**章

# すぐに使える！
# 性教育・
# 性コミュニケーションツール

# すぐに使える性教育・性コミュニケーションツールの使い方

## ●ここのねらい！ 理解を促すために「見える化」する

　性教育や性に関するコミュニケーションの練習を進めていく上では、教材教具の活用が大切です。教材教具の存在は、学んでいく際の視覚的な手がかりとなるだけでなく、次のようなメリットがあります。

・身体やその変化、気持ちやその変化、人との関係性、立ちふるまいなどを言語だけで伝えてもすぐに消えてしまうが、視覚化したものは手元に残る。
・いつでも見て振り返りができることでリマインダー（思い出しの手がかり）になる。
・想像上だけでなく具体的な事実を学ぶことができ、正しい情報や知識を身につけることができる。
・身体の現状や先の見通しをもてるので、混乱をなくすことができる。
・指導者が伝えたことと子どもの理解が違っている場合、共通のツールがあると、両者のすれ違いを防ぎ、学びの確認をすることができる。
・わかることが増えるとできることが増え、不安の軽減につながって落ち着いて生活できるようになる。ひいては自立につながる。

本章は次の10のワークからなります。

## ● 「身体の見えない部分の見える化」

| ワークシート：①〜④性器模型の作り方、⑤ 皮膚と粘膜、⑦ 性感染症」 |
| --- |
| 対　　　　象：小学校高学年、中学生、高校生 |

　男女ともに内性器は体内にあり、自分の目で見ることができません。女性の場合は外性器も体に張り付いているため鏡を使わなければ見ることができず、自分で見て学ぶことが現実的には難しくなります。仕組みや名称の学習ならば、紙面で学ぶことはできますが、立体性のある教材であれば実際に触れて拭き方や洗い方を学ぶことができます。

　性感染症の理解を含めた性器教材については、「あるといいけれどけど作る時間がない」「そもそも何をどのように作ったらいいのかわからない」といった声が指導現場から聞かれます。一部の熱心な先生が作った教材に関心を示しても、「自分ではどうも……」と敷居が高いと感じる先生方がほとんどです。そこで手軽に誰でもできる性器教材を紹介します。

## ● 「身体の変化のみえる化」

| ワークシート：⑥月経指導 |
| --- |
| 対　　　　象：女子（小学校高学年、中学生、高校生） |

女性にとって知っておきたいことは月経のサイクルです。月経が始まってからは性ホルモンに翻弄される生活を送っていくわけですが、経血やナプキンの変化だけでなく注目したいのは、1か月の中での身体や心の変化です。1か月の中で女性は、肉体的にも精神的にも変化します。調子がいい、落ち着いている、なかなかいい感じ、イライラする、意欲減退する等、こういった変化は、社会性にも影響します。自分が今どのサイクルにいるのか、月経日は？経血の量は？その日の気持ち、適したナプキン、身体の状態、妊娠しやすい時期などを1枚に見えるカレンダーにしました。この表を使って子どもたちがセルフケアできるよう促していきます。

## ● 「振る舞い・マナーのみえる化」

ワークシート：⑧恥じらい、マナー
対　　　象：中学生、高校生

　年齢が上がるにつれ、振る舞いやマナーが洗練されていくことは、一人の人間の成長ともいえます。これら振る舞いは、他者に与える影響が大きく、快・不快をもたらします。自分の振る舞いが他者から見て、どのように思われているかを自分自身で知ってわかることが大切であり、そのためには、第三者の立場に立って他者を観察することが気づきのきっかけになります。「あれは、かっこわるいなあ」「これは、やばいかも」などの気づきが生じたら、行動の改善につながるかもしれません。また、ペープサートを使用したやりとりは、自分の気持ちをそれらに託し、言いにくい気持ちの代弁者としてやりとりを行うこともできます。コミュニケーションの一助にペープサートは効果的です。

## ● 「人との関係性のみえる化」

ワークシート：⑨ NO！の出し方、⑩ お付き合いの段階
対象：小学生、中学生、高校生

　人との距離感や関係性は、年齢や時期において変化します。男女におけるかかわりは、段階があり本来じっくり時間をかけて進んでいくものだと言われています。この関係性は目にすることができず、その変化ももちろん、見ることができません。そこで、具体的に距離、付き合いの段階を見える形にして学ぶことができるようにしました。

　関係性は、非常に微妙で曖昧なものです。互いの関係性が、親密になったり、疎遠になったり1日にして変化することもあります。そのような変化を理解できずに自分の気持ちを一方的に押し付けたり、不安を抱えて自己嫌悪に陥ったりする子どもたちが少なくありません。これは、さらなる関係性の悪化を生むことにつながります。ここでは、困った誘いを受けた際の断り方も含め、見えない関係性をどのように見える化するのかを紹介します。

# ① 性器模型（男性外性器）の作り方

男性器（外性器）の模型があればいいのですが、どうやって手に入れたらいいでしょうか？

身近にあるものや100円ショップで売っているものを使って、お金をかけずに性器模型をつくることができます。

## 男性器模型（外性器）をつくろう

● 用意するもの

黒（包皮）、白（亀頭）、水色（陰のう）の靴下、キッチンボトル（陰茎）、紙粘土（亀頭）、カプセル2個（睾丸）、安全ピン

※水色の靴下は、伸縮性のある素材のものを使用し、包皮と区別すると分かりやすくなります。色の違いが区別できれば、他の色の靴下でも構いません。

● 男性器模型のつくり方

①キッチンボトルの先を紙粘土で覆い亀頭をつくります。

②紙粘土（亀頭）が乾いたら白い靴下（亀頭）を被せ、先端に縦に1cmほどの切り込み（尿道口）を入れます。

③黒い靴下の先を切り取って陰茎に被せ、ペニスをつくります。

④水色の靴下にカプセル（睾丸）を2つ入れ、靴下の口を内側に折って陰のうをつくります。

⑤安全ピンでペニスと陰嚢を取り付けます。

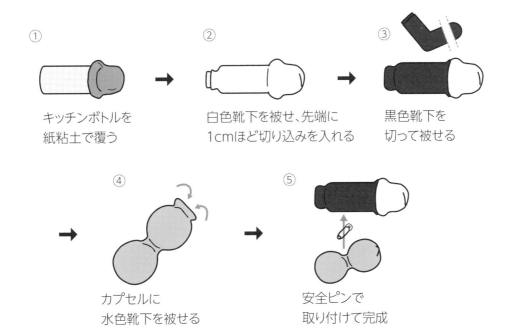

●**男性器模型（外性器）の使い方**

・包茎のしくみや洗い方を教えることができます。
・包皮を亀頭に被せることで、包茎を表現できます。
・洗い方を説明する際には包皮を剥いて亀頭を出して清潔なお湯で洗うことを伝えます。
・尿と精液が同じ穴（尿道口）から出てくることを伝えましょう。

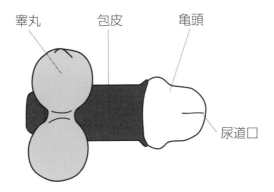

●**留意点**

　布製教材は、子ども自身がすぐ近くで見て、実際に触れて、操作もできるという良さがあります。大人が提示するだけでなく、ぜひ、子どもに触れさせて操作させてあげましょう。

# ② 性器模型（男性内性器）のつくり方

男性器（内性器）の模型があればいいのですが、どうやって手に入れたらいいでしょうか？

100円ショップで売っているものを使って、お金をかけずに性器模型をつくることができます。

## ■ 男性器模型（内性器）をつくろう

### ●用意するもの

型紙2枚（巻末資料）、ペールオレンジ（うすだいだい）のフェルト（A4サイズ以上の大きさ）、バイアステープ（体の輪郭）、フェルト3色（白色：睾丸、黄色：膀胱、ピンク色：精のうと精管、尿道）、針金、布用ボンド

### ●体のつくり方
①巻末資料より、体の型紙をコピーします。
②型紙にペールオレンジのフェルトを載せ、鉛筆で型紙の線を写します。
③フェルトの線に沿ってバイアステープを布用ボンドで貼り付け、輪郭をつくります。
⑤精のう、膀胱、睾丸を各色のフェルトでつくります（中に綿を詰めると膨らみがでます）。
⑤黄色とピンクのフェルトを裏表に貼り付けて尿道をつくり、膀胱に縫い付けます。
　（排尿と射精を表すため、膀胱からペニスの先まで表を黄色、裏をピンクにします）
⑥膀胱を胴体のフェルトに貼り付けて、体部分の完成です。

### ●ペニスのつくり方
①ペニスの型紙に沿って針金を折り曲げます。
②針金にバイアステープを布用ボンドで貼り付けて、完成です。
　（ペニスの付け根に切り込みを入れ動かせるようにすると、勃起を表現できます）

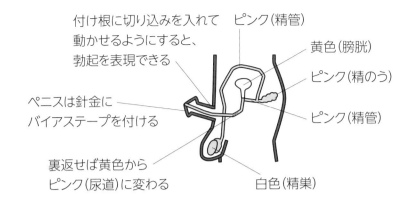

● 留意点
・ペニスの部分は、勃起の操作ができるように針金を使用し、その上にバイアステープを貼りましょう。
・バイアステープやフェルトは型紙に貼りつけますが、尿道部分は両面使えるように貼りつけないでおきましょう。
・型紙をA3サイズに拡大コピーして作成すれば、より分かりやすくなります。

● 男性器模型（内性器）の使い方
・内性器の大まかな部位の名称を伝えましょう。
・それぞれの部位は、どのような働きをするのか教えましょう。
・尿道の両面フェルトの色を変えながら、尿（黄色）と精液（ピンク）の排出の様子を説明しましょう。
・膀胱と前立腺の近くに筋肉が2か所（A、B）あります。放尿時は尿が膀胱から下りてくるので、この2か所ともに開きますが、射精時は尿と混じらないようにAが閉じてBが開くようになっています。裏面からA、Bの位置の管を指で挟み、筋肉の収縮を表現してみましょう。

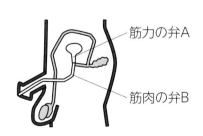
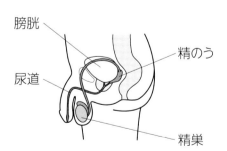

# 3 性器模型(女性外性器)のつくり方

女性器(外性器)の模型があればいいのですが、どうやって手に入れたらいいでしょうか?

身近にあるものや100円ショップで売っているものを使って、お金をかけずに性器模型をつくることができます。

## ■ 女性器模型(外性器)をつくろう

### ●用意するもの

紙粘土(青色、水色、白色、赤色、ピンク、黄色、ペールオレンジ)、型紙(巻末資料)、粘土板

※紙粘土は、水色が50g、ペールオレンジ20g、残りの色は少量ずつです。
※粘土板(5cmごとに円が描いてあるもの)があれば、型紙は不要です。
※色の違いが区別できれば、他の色の粘土でも構いません。

### ●外性器の作り方

①巻末資料の型紙をコピーします(A4サイズにコピーすると、おおむね実物大になります)。
②型紙の大きい方(直径10cm)の円上に水色粘土を置いて円を作り、中央に縦のくぼみを入れて左右に分け、膨らみを作ります(大陰唇)。
③型紙の小さい方(直径5cm)の円上にペールオレンジの粘土を置いて円を作り、中央に縦のくぼみを入れ、だ円形にします(小陰唇)。
④ペールオレンジの粘土の中央に、だ円形にした黄色の粘土(膣前庭)を置きます。
⑤膣前庭の下側にピンクの粘土(膣)を、上側に粒上の赤い粘土(尿道口)を取り付けます。
⑥青い粘土で白い粘土を包み込みましょう(直径1cm程度)。(クリトリスと包皮)
⑦それぞれのパーツを合体して出来上がりです。

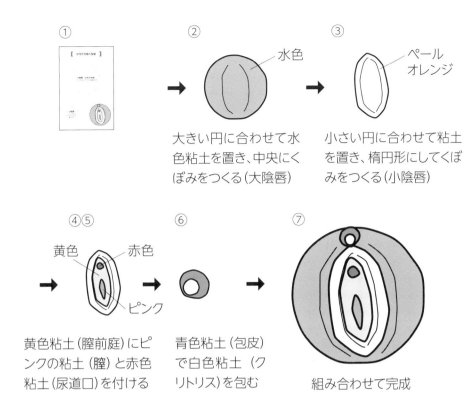

### ●女性器模型（外性器）の使い方
・外性器の大まかな部位の名称を伝えましょう。
・それぞれの部位は、どのような働きをするのか教えましょう。
・性器の洗い方を、指でなぞって教えることができます。
・性器の拭き方も実際のトイレットペーパーを使用して見せることができます。

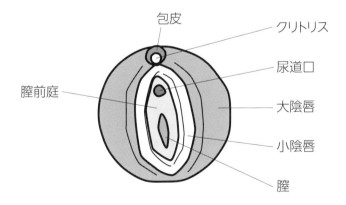

### ●留意点
・性器の形には、どれが正常といった基準はなく、大陰唇や小陰唇のひだは必ずしも左右対称ではありません。性器の大きさや形は千差万別、個人差があることを伝えましょう。

# ④ 性器模型（女性内性器）のつくり方

女性器（内性器）の模型があればいいのですが、どうやって手に入れたらいいでしょうか？

身近にあるものや100円ショップで売っているものを使って、お金をかけずに性器模型をつくることができます。

## 女性器模型（内性器）をつくろう

● 用意するもの

ペールオレンジ・青色の紙粘土、ストロー、型紙（巻末資料）、接着剤

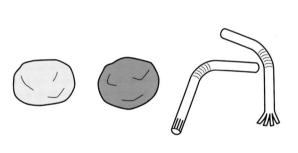
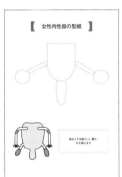

※色の違いが区別できれば、他の色の粘土でも構いません。

● 内性器の作り方

①巻末資料の型紙をコピーします。（A４サイズでコピーした時に、成人の平均的の内性器（子宮、膣、卵巣）の大きさとなるように描かれています。）

②ペールオレンジの粘土を子宮、青色粘土を卵巣の型紙の上に置き、成型します。

②ストローの飲み口先端から約10cmを切り、卵管を作ります（実際の卵管は10cm程度）。卵管の先端にはギザギザに切り込みを入れましょう。（卵管采）

④それぞれのパーツが固まったら、接着剤や両面テープで固定します。

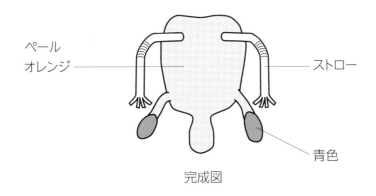

完成図

● **女性器模型（内性器）の使い方**
・各部位の名称とそのはたらき、月経や妊娠のしくみを伝えましょう。
・子宮の大きさは変化することも伝えましょう。（通常はニワトリの卵くらいですが、妊娠時にはスイカ程度まで大きくなります。）
・腟は、長さは7～8cmほどの筒状です。性交時はこの筒の中にペニスが挿入されます。赤ちゃんが生まれるときにはここを通るため大きく広がります。
・血液や分泌物を赤色の紙粘土やフェルトなどで見立て、子宮内膜に当てて操作することで月経を教えることもできます。

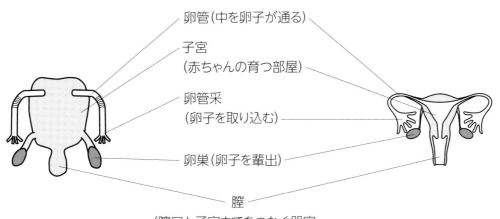

# ⑤ 皮膚と性器粘膜

皮膚と性器粘膜の違いについてどのように説明すればよいでしょうか？

身近にあるものや100円ショップで売っているものを使って、お金をかけずに皮膚や粘膜の特徴を知ることができます。

## 皮膚と性器粘膜の特徴を知る実験をしよう

### ●準備するもの

フェルト1枚（A4程度）、合皮1枚（A4程度）、刺繍枠（15cm）2つ

### ●作り方

①刺繍枠の内側のリングに、1つはフェルト、もう1つには合皮を重ねます。
②外側の枠を重ね、ねじを締めて生地を引っ張ります。（フェルトも、合皮も方法は同じ）

●留意点
・合皮は皮膚、フェルトは粘膜の代わりにします。合皮は水をはじく、フェルトはしみ込みやすいという性質を利用します。合皮は、水をはじく素材であれば代用可能です。
・フェルトはあらかじめ水で濡らしておくと浸透しやすいでしょう。

●使い方
・合皮は皮膚、フェルトは粘膜であること、そして性器は粘膜でできていることを伝えます。
・合皮とフェルトを並べてそれぞれに水をかけてみましょう。するとフェルトだけ染み込むのが分かります。性器の粘膜と、腕や足など皮膚でできている部分との違いを、実験を通して伝えることができます。
・性器を清潔にすること（入浴の際にきちんと洗うこと、下着を取り換えること）の大切さや、汚い手で人に触らせたりすることもよくないと教えることもできます。「汚くしたら、ばい菌が体内に入ってしまう」実験を通じてこんな声が聞こえます。

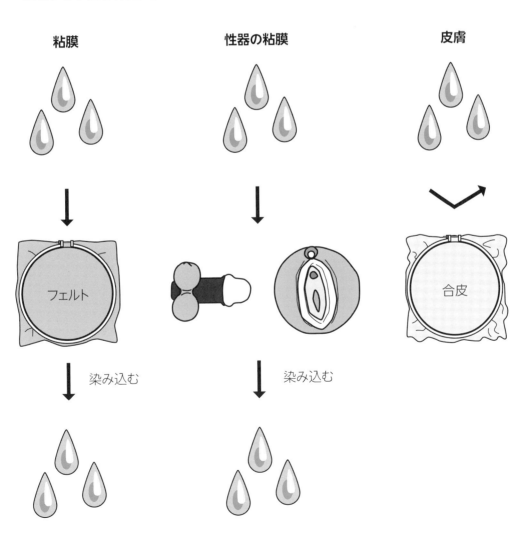

# 6 月経指導

月経をうまくのりきるためには、どのように教えたらいいでしょうか？

月経の期間や、実際に使用するグッズを提示してわかりやすく教えましょう。すぐに次回の月経で役立つ支援になります。

## 月経表を使った指導のしかた

### ●用意するもの

月経表（巻末資料）、おりもの専用シート、ナプキン（昼用、大きくて厚いタイプ、小さいもの）、赤絵の具、表情シート（巻末資料）、付箋（身体の症状や感情を書くときに使用）

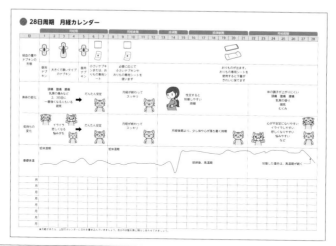

### ●使い方

・次の月経が始まる前に、月経表とナプキンを提示して確認します。

・月経が始まったら、月経表に日付を書き、次の月経の予想を立てます（おおむね28日ですが個人差があります）。

・月経前や月経中には、気持ちの変化があることを、表情シートを切り取って月経表に貼りながら確認します。気持ち以外のことも付箋を使って記録しましょう。

・月経前の体調の変化（おりもの）に注目しながら、自分の体調を気にかけるようになる

といいでしょう。

| 落ち込み | 悲しい | イライラ | 調子いい | ふつう |
|---|---|---|---|---|
|  |  |  |  |  |

気持ちを表す表情シート

● **指導のポイント**
- 妊娠しやすい時期や体温の変化なども教えましょう。
- 月経が長く続く（10日以上）、こない（3か月以上）などの場合は、何らかの病気の可能性もあるので、大人に相談することも伝えましょう。
- 月経に終わりがくること、閉経も伝えましょう。「あと、○十年もある！」と閉経までの長さに驚きますが、だからこそ「快適に過ごすためにはどうしたらよいか？」の学びにつなげましょう。（月経中の過ごし方、月経痛のやわらげ方、素敵な月経グッズなどを女性指導者の場合は体験をまじえながら紹介しましょう）

【月経グッズの例】
　お気に入りのナプキンや、ナプキンを入れる可愛いポーチ。月経痛をやわらげる薬を入れるピルケース。お腹を温める腹巻。自宅用の暖かいパンツや靴下、など。

● **留意点**
- 月経血の量や、量の変化によってナプキンの厚さや大きさを変えることを伝えましょう。
- 赤絵具を使って月経血の大きさなども示しておきます。
- 月経表はＡ３用紙などに大きくコピーして使用しましょう。
- 表情シート（巻末資料）をコピーして切り取り、カードにしておきます。
- 月経期間や出血量、身体的、精神的な症状の現れ方は、個人差があることを伝えましょう。
- 付録の月経表でなくても、スマホアプリや手帳でもいいでしょう。
- 思春期の子どもたちなので、「大人の女性の仲間入りね」といった声かけもいいでしょう。

# 7 性感染症

子どもたちは避妊をせずに性交をしているかもしれません。性感染症のことをどのように伝えたらいいですか？

性感染症がこわいのは、症状だけでなくその感染力です。薬品を使用した実験や相関図を使って実感できる学習法があります。

## 性感染の液体実験をしてみよう

● 用意するもの

水を入れた透明カップ（人数分）、クエン酸水（クエン酸の水溶液）を入れた透明カップ2杯、重曹

● 実験の方法

① 水だけが入ったカップを子どもたち全員に配り、重曹を入れても何も変化しないことを確認します。

② クエン酸水を入れたカップに重曹を入れると泡がでることを先生が実演します。

③ 子どもたちからカップを回収し、1つだけクエン酸水の入ったカップと入れ替え、ふたたびカップを配ります（子どもはどのカップがクエン酸水なのかわかりません）。

④ 子どもたちに、周囲の友達とカップの中身を少量ずつ交換してもらいましょう（性交に見立てた行為です）。

⑤ 液体の交換をしたあと、子どもたちのカップに重曹を入れます。すると、いくつかのカップで泡が立ち、知らぬ間に自分が感染

していたことを実感し、驚きの声が上がるでしょう。

● 留意点
・重曹を入れる前に「自分は感染しているかどうか？」を聞いてみましょう。「自分は大丈夫だと思う」「この人なら大丈夫そう」などの意見が聞かれますが、実験を通して「感染は人を選ばない」ことを実感できるでしょう。

## 性感染の相関図をつくろう

● 用意するもの
男女15～20名程度の顔写真（雑誌などから切り取る）、模造紙、両面テープ

● 相関図の使い方
・交際がスタートした男女を提示し、そこを中心に、「カレの元カノの……」「カノジョの元カレの……」といった相関図をつくります。
・「もし最初の男子（女子）が性感染症にかかっていたら」を視覚的に考えてもらいましょう。性交をするとは、相手の過去が自分の体の中に入ってくる、ということなのです。

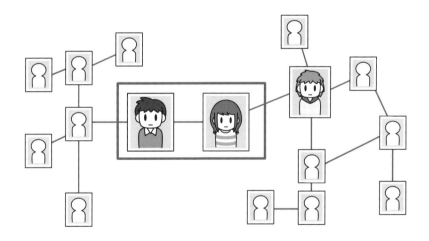

● 留意点
・「去年は？　3年前は？」……と年月をさかのぼって感染の広がりを考えてもらいましょう。性交は一瞬で終わってしまいますが、その先の人生はお互いに一生続いていくものなのです。
・性交の相手は、異性だけに限らず同性の場合も考えられます。

# 8 恥じらい、マナー

なかなか子どもがマナーを身につけられません。どのように教えたらいいでしょう？

「〜してはダメ」というのではなく、適切なマナーを「見える形で」わかりやすく伝えましょう。

## マナーカードを使って指導しよう

### ●用意するもの
カメラ、穴あけパンチ、カードリング、ラミネート

### ●使い方
- 生活の中で「よくある」適切なふるまいと不適切なふるまいの2パターンを撮影し、マナーカードを作ります。写真には、注目しやすいように伝えたい箇所をできるだけピンポイントに写すようにしましょう。
- 作成したマナーカードは、提示しやすいようにラミネートし、穴をあけてリングを通しておくといいでしょう。

### ●マナーカードの例
ヘアスタイル、服の着方（シャツのボタン、シャツの裾、下着）、立位姿勢、座位（ズボンの後ろ姿、スカート）、食べ方、ドアの開閉、お辞儀の仕方など。巻末資料にサンプルがあります。

マナーカード（女性）の例

マナーカード（男性）の例

●使い方
**低学年向け**
- 適切なふるまいのマナーカードを提示し、適切にできていることを子どもに確認してもらいます。
- 不適切なマナーカードを提示してどこがよくないかを考えてもらいます。
- いくつか意見が出れば「そうですね。こうなると恥ずかしいね」と伝えます。

**高学年向け**
- 最初に不適切なふるまいカードを提示して、どこがよくないかを考えてもらいましょう。いくつか意見が出たら適切なカードを提示して正解を伝えます。

●留意点
- 集団授業では、プロジェクターを使ってスクリーン等に提示してもいいでしょう。
- たいていの子どもは不適切なカードを見たときにサッと適切な姿勢に変わります。そんな時は正しくありたいと思う子どもの気持ちを受け止め、適切な姿勢を褒めるようにしましょう。
- 日常でも本人には、見えない後ろ姿、何気なくしている恥ずかしいふるまいなどがあれば、その場で「恥ずかしいよ」と言葉をかけましょう。

# 9 NO！の出し方

様々な誘いをなかなか断れない子がいます。断り方はどうやって教えたらいいのでしょう？

困った誘いを断るためにどうしたらいいかをロールプレイやグループワークを取り入れて考えましょう。

## 困った誘いを断るロールプレイをしよう

● 用意するもの

カプセル（フィルムケース等でも可）、ペープサート、割りばし、空箱、「困った誘い」が書かれた紙（5枚程度）

● 作り方
- 困った誘いを書いた紙をカプセルに入れ、まとめて箱に入れておく。
- 困った誘いの例（巻末資料に例文あり）

- 「かわいいね、写真撮らせてほしいな」と知らない人から頼まれた。
- 学校の帰りに、知らない女の人から「お母さんから頼まれたから車に乗って。自宅まで送るよ」と言われた。
- 「この画像持ってて」と友だちがエッチな画像メールを送ろうとしてきた。
- SNSで友だちになった人から「会おう」と誘われた。

●**使い方**
- 5人程度のグループを作り、グループ内で誘い役、誘われ役、カプセル係を決めます。
- カプセル係は箱からカプセルを1つ取り出し、紙に書かれている内容に沿って、誘い役と誘われ役はペープサートを使ってロールプレイをします。
- 誘い役、誘われ役は同じ内容を使って全員が交代で行うようにします。最後に、各グループの代表に全体で発表してもらいましょう。
- 発表時、各グループに出した内容は黒板やスクリーンに提示しましょう。他のグループの友達のやり方や提案を聞くことで、「そういうやり方もあるね！」と新たな気づきにもつながります。

●**留意点**
- 最初は、誘いの内容として日常の「よくある」ケースを使用するなど、子どもの発達段階に合わせましょう。
- 最初から「こんなとき、どうやって断る？」と、断ることを前提に問いかけないように気を付けましょう。「こんなとき、どうする？」「一番いいと思う方法を考えてみよう」と伝えてください。
- カプセルやペープサートを使った動きのある教材は、子どもの動機付けにつながります。ペープサートは簡単に動きを操作できるので、子どもたちが直接表現しにくいような感情などを負担なく表現することもできます。
- 本例で紹介した以外にも、次のようなケースを想定して内容を変化させることで他のテーマにも応用できます。
「クラスメイトからこんなことをされたら（いじめ対応編）」
「外で、こんなことがあったら（危険回避編）」

# ⑩ お付き合いの5段階

付き合ったら、性交することが当たり前のような情報があふれていて心配です

人とのかかわり方には、段階が大切であることを伝えましょう。

## ■ お付き合いの段階を知ろう

● 用意するもの

お付き合いの5段階（巻末資料）、雄・雌を表したキャラクターのぬいぐるみ

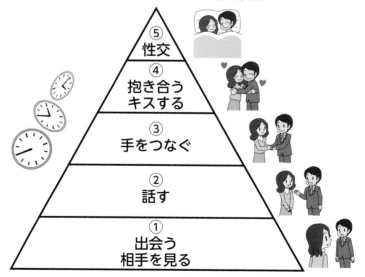

お付き合いの5段階

⑤ 性交
④ 抱き合う キスする
③ 手をつなぐ
② 話す
① 出会う 相手を見る

●使い方
- 次のように説明し、5段階の図を提示してみましょう。
「かつて、イギリスのモリスという学者が『別れやすいカップルとそうでないカップル』について研究をしました。それによると、お付き合いが長続きするカップルは段階を踏んでいることがわかりました。ポイントは段階です。ここでは、お付き合いを5段階で伝えます。その段階を最初から一緒に追っていきましょう」
- 段階①を示しながら、かかわりの始まりは、お互いを見ることだと説明します。
- 段階図と同じようにぬいぐるみを操作し、「知り合ったら、次の段階は？」とぬいぐるみ同士が少しずつ近づいていく様子を見せ、「次はどんな段階？　どんなふれあい方かな？」と子どもたちとやり取りをしましょう。
- 身体接触が少しずつ深まっていく様子を理解してもらうようにします。
- モリスの研究から1つ1つの段階に時間をかけたカップルが長続きすることを伝え、「みなさんは、どんなお付き合い方をしたいですか？」と聞いてみましょう。

●留意点
- いまは、1段階の「相手を見る」前にSNS等で知り合う子がいます。マッチング（出会い系）アプリなどのSNSについても触れ、アプリから付き合いがスタートし結婚するケースもありますが、そこからトラブル（命にかかわるような大きな犯罪にも）に巻き込まれるケースがあることも伝えましょう。
- 邦楽や洋楽、平成や令和など、様々なジャンル・年代の歌の中から「お付き合い」に関する歌詞を探し、グループワークを通して「お付き合い」への考えを深める学習をすることも効果的です。身体の関係だけでなく、お互いの心の結びつきに関する歌詞を見つけたり、歌詞の内容や意味を話し合ったりすることで、色々な「お付き合い」を学ぶこともできます。

# 巻末資料

●男性器の型紙
●女性器（外性器・内性器）の型紙
●月経カレンダー
●月経カレンダー用　表情シート
●マナーカードの例
●困った誘いの例
●お付き合いの５段階

※男性器・女性器の型紙はA4サイズに拡大コピーを行うと、
　およそ実物大の大きさとなります。

# 男性器の型紙

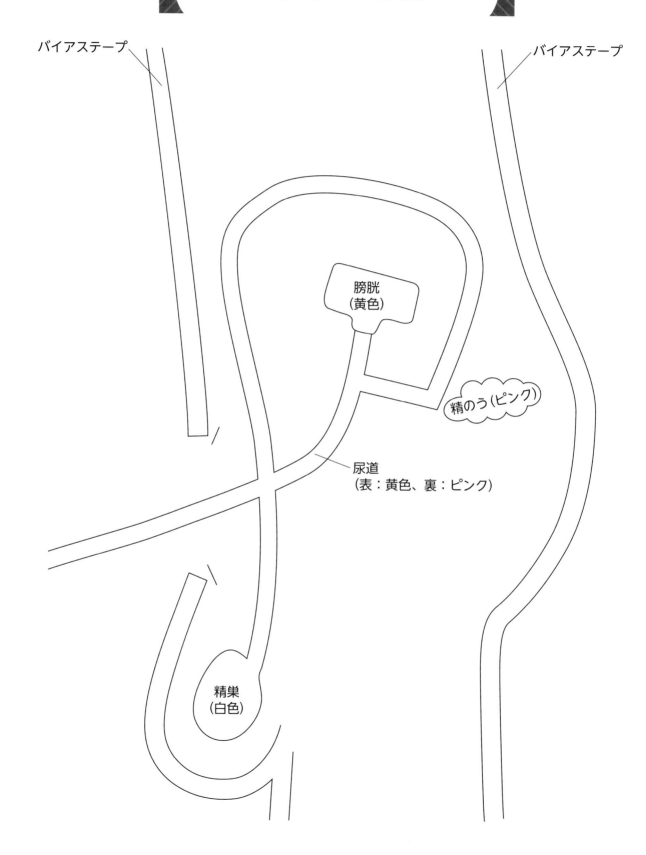

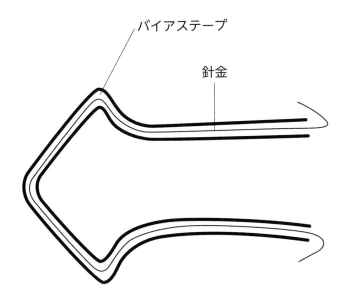

# 女性外性器の型紙

**大陰唇（女性外性器）**
この上で紙粘土を広げて形を整えます

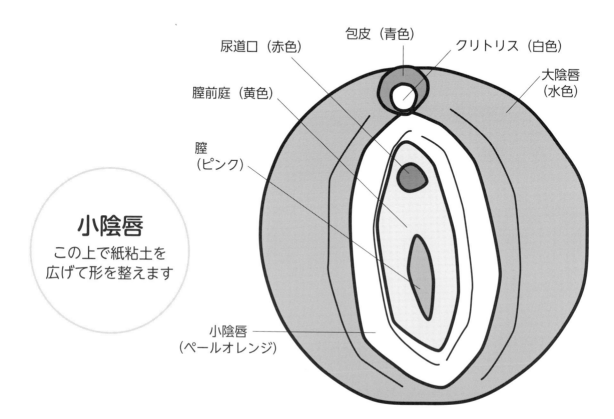

**小陰唇**
この上で紙粘土を広げて形を整えます

尿道口（赤色）
包皮（青色）
クリトリス（白色）
大陰唇（水色）
膣前庭（黄色）
膣（ピンク）
小陰唇（ペールオレンジ）

# 女性内性器の型紙

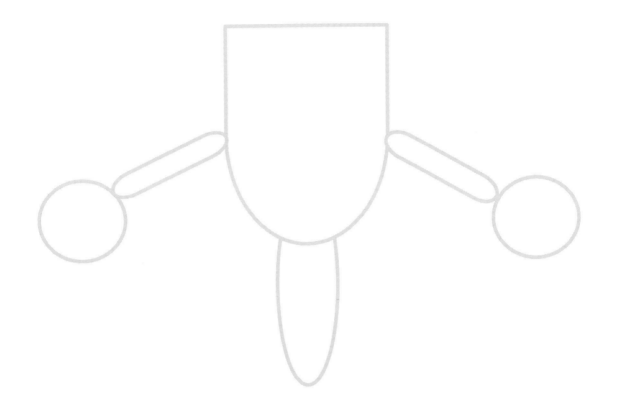

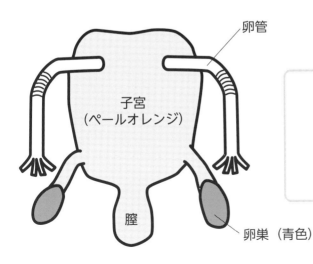

紙粘土を型紙の上に置き、
形を整えます

# 28日周期　月経カレンダー

| 日 | 月経期 | | | | | | | 月経後期 | | | | | 排卵期 | | | 排卵後期 | | | | | | 月経前期 | | | | | | |
|---|1|2|3|4|5|6|7|8|9|10|11|12|13|14|15|16|17|18|19|20|21|22|23|24|25|26|27|28|
| 経血の量やナプキンの形態 | 昼用ナプキン　大きくて厚いタイプのナプキン | | | | 昼用ナプキン　または、おりもの専用シート | | 小さいナプキンまたは、おりもの専用シート | 必要に応じて小さいナプキンやおりもの専用シートを使います | | | | | | | | おりものが出ます。おりもの専用シートを使用すると下着がきれいに保てます | | | | | | | | | | | | |
| 身体の変化 | 頭痛　腹痛　腰痛など　2、3日目に一番強くなる人もいる　眠気 | | | | | | | 月経が終わってスッキリ | | | | | 性交すると妊娠しやすい時期 | | | 月経後期より、少し体や心が落ち着く時期 | | | | | | 体の調子が上がりにくい　頭痛　腰痛　乳房の張り　眠気　むくみ | | | | | | |
| 気持ちの変化 | イライラ　悲しくなる　悩みがち → だんだん安定 | | | | | | | 月経が終わってスッキリ（だんだん安定） | | | | | | | | | | | | | | 心が不安定になりやすい　イライラしやすい　悲しくなりやすい　悩みやすい　など | | | | | | |
| 基礎体温 | 低体温期 | | | | | | | 低体温期 | | | | | | | | 排卵後、高温期 | | | | | | 妊娠した場合は、高温期が続く | | | | | | |
| 月 | | | | | | | | | | | | | | | | | | | | | | | | | | | | |
| 月 | | | | | | | | | | | | | | | | | | | | | | | | | | | | |
| 月 | | | | | | | | | | | | | | | | | | | | | | | | | | | | |
| 月 | | | | | | | | | | | | | | | | | | | | | | | | | | | | |
| 月 | | | | | | | | | | | | | | | | | | | | | | | | | | | | |
| 月 | | | | | | | | | | | | | | | | | | | | | | | | | | | | |
| 月 | | | | | | | | | | | | | | | | | | | | | | | | | | | | |
| 月 | | | | | | | | | | | | | | | | | | | | | | | | | | | | |

★月経がきたら、上記のカレンダーに日付を書き込んでいきましょう。自分の状態を表と照らし合わせてみましょう。

# 月経カレンダー用表情シート

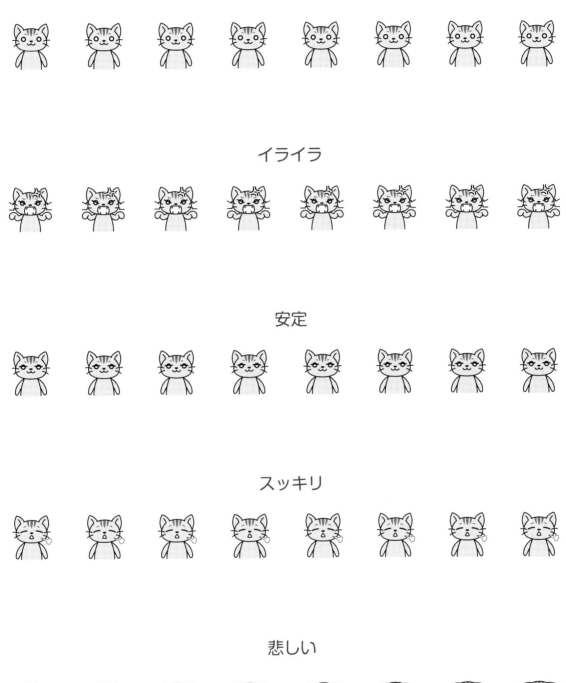

## 【 マナーカードの例① 】

## スカートで物を取る

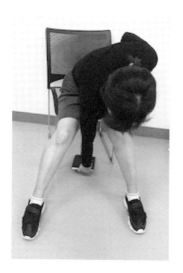
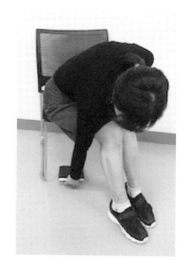

## ヘアスタイル

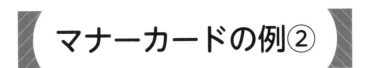

## 立ち方

## 身だしなみ（シャツ）

# 【 誘い文句の例 】

| | |
|---|---|
| 「最近この辺に引っ越してきたんだけど。この後時間ある？」と声をかけられた。 | 「今、家に一人だから来ない？　お菓子買ってあげるよ」と知らない人からさそわれた。 |
| 「君、かわいいね。ご飯食べに行こう」と知らない人からさそわれた。 | トイレについてきたお兄さんから「トレーディングカードあるよ、ほしい？」と声をかけられた。 |
| 「ゲーム機貸してあげるよ。ゲームやっていいよ。家の人には内緒にしてあげる」と知らない人から自宅にさそわれた。 | 学校の帰りに、知らない女の人から「お母さんから頼まれたから車に乗って。自宅まで送るよ」と言われた。 |
| 「かわいいね、写真撮らせてほしいな」と知らない人から頼まれた。 | 「財布を無くしたから一緒に探してほしい」と知らない人に頼まれた。 |
| 「すぐ近くのビルで撮影会をしているから見においで」と優しそうな女の人に誘われた。 | 友だちに、親がいないから自宅に遊びにおいでとさそわれた。 |
| SNSで友だちになった人から「下着の写真を送って」と頼まれた。 | SNSで友だちになった人から「会おう」とさそわれた。 |
| ゲームセンターで知り合いになった人から、自宅でゲームをしようとさそわれた。 | 「この画像持っていて」と友だちがエッチな画像メールを送ろうとしてきた。 |

# 【 お付き合いの５段階 】

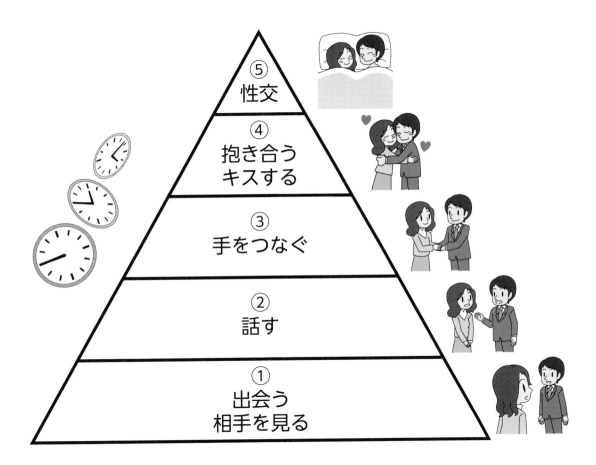

# 著 者 略 歴

## 宮口 幸治 (みやぐち・こうじ)

立命館大学産業社会学部・大学院人間科学研究科教授。医学博士、日本精神神経学会専門医、子どものこころ専門医、臨床心理士、公認心理師。

京都大学工学部卒業、建設コンサルタント会社勤務の後、神戸大学医学部医学科卒業。大阪府立精神医療センターなどを勤務の後、法務省宮川医療少年院、交野女子学院医務課長を経て、2016年より現職。

児童精神科医として、困っている子どもたちの支援を教育・医療・心理・福祉の観点で行う「コグトレ研究会」を主宰し、全国で教員向けに研修を行っている

著書に『性の問題行動をもつ子どものためのワークブック』(明石書店)、『不器用な子どもたちへの認知作業トレーニング』『コグトレ みる・きく・想像するための認知機能強化トレーニング』(以上、三輪書店)、『1日5分！教室で使えるコグトレ 困っている子どもを支援する認知トレーニング122』『もっとコグトレ さがし算60 初級・中級・上級』『1日5分 教室で使える漢字コグトレ小学1〜6年生』(以上、東洋館出版社)、『ケーキの切れない非行少年たち』(新潮社) 等

## 國分 聡子 (こくぶ・さとこ)

静岡県立清水特別支援学校教諭。児童福祉司、上級思春期保健相談士。日本体育大学体育学部体育学科卒業後、私立高校教員を経て特別支援学校勤務。幼稚園児から高校生まで支援を行う。

平成20年度静岡県中央児童相談所に出向し、ケースワーカーとして虐待、不登校、非行対応。平成20〜30年度、国立特別支援教育総合研究所「障害のある児童生徒の性教育」講師。静岡県優秀教職員賞 (平成28年度)、文部科学大臣優秀教職員賞 (平成29年度)。現在「特別支援学校における12年間の系統性を持たせた学校性教育」「障がいのある子どもの性的逸脱行動への介入」等を研究。

著書に『軽度の知的障害のある生徒の就労を目指した青年期教育 (分担)』(黎明書房)、『自己肯定感を高める性教育 (自閉症教育実践)』(明治図書)、『青年期における関係性 異性とのかかわり方 (特別支援教育研究)』、『思春期における軽度知的障害 発達障がいの女子への性的逸脱行動への介入 (月刊特別支援教育)』(以上、東洋館出版社) 等

# 伊庭　千惠 (いば・ちえ)

　ライフデザイン・カウンセリングルーム（チーフカウンセラー）、立命館大学等非常勤講師、矯正機関心理カウンセラー等。臨床心理士、公認心理師。大阪教育大学大学院教育学研究科（健康科学専攻）修士課程修了。EMDR Part1，Part 2トレーニング修了。TF-CBT（トラウマ焦点化認知行動療法）Introductory Training、Advanced Training修了。

　1987年より大阪府心理職として、子ども家庭センター（児童相談所）、障害者自立相談支援センター（障害者更生相談所）等で児童・青年・障害者を対象に心理的支援、福祉支援に携わってきた。

　著書に『性的虐待を受けた子ども・性的問題行動を示す子どもへの支援（分担）』、『性問題行動のある知的障害者のための16ステップ【第2版】』、『性問題行動のある知的・発達障害児者の支援ガイド』、『性的虐待を受けた子ども・性問題行動を示す子どもへの支援（分担）』（以上、明石書店）等。


# 川上　ちひろ (かわかみ・ちひろ)

　岐阜大学医学教育開発研究センター併任講師。名古屋大学大学院 医学系研究科（健康社会医学専攻）博士課程修了。

　養護教諭として岐阜県の公立小中学校に勤務の後、岐阜大学医学部看護学科入学、保健師・看護師資格を取得。修士課程、博士課程修了後、2011年4月より現職。発達障害児者への性教育、医療者教育（多職種教育、コミュニケーションなど）等に従事。

　著書に『自閉スペクトラム症のある子への性と関係性の教育: 具体的なケースから考える思春期の支援』、『発達障害のある女の子・女性の支援:「自分らしく生きる」ための「からだ・こころ・関係性」のサポート』（以上、金子書房）、『性の問題行動をもつ子どものためのワークブック』（明石書店）等。

**学校でできる！**
## 性の問題行動へのケア
### 子どものワーク＆支援者のためのツール

2019（令和元）年11月20日　初版第1刷発行
2024（令和6）年 4 月12日　初版第6刷発行

編著者　宮口幸治
著　者　國分聡子　伊庭千惠　川上ちひろ
発行者　錦織圭之介
発行所：株式会社　東洋館出版社
　　　　〒101-0054　東京都千代田区神田錦町2丁目9番1号
　　　　　　　　　　コンフォール安田ビル2階
　　　　代　表　電話 03-6778-4343　FAX 03-5281-8091
　　　　営業部　電話 03-6778-7278　FAX 03-5281-8092
　　　　振替　00180-7-96823
　　　　URL：https://www.toyokan.co.jp

［装　丁］株式会社明昌堂
［イラスト］オセロ
印刷・製本：藤原印刷株式会社

ISBN：978-4-491-03945-9
Printed in Japan